臺灣歷史與文化 研究輯刊

六 編

第14冊

從妊產婦名簿到助產所：
台灣（新竹）助產士的歷史研究（1920～1970）

鍾淑姬 著

花木蘭文化出版社

國家圖書館出版品預行編目資料

從妊產婦名簿到助產所：台灣（新竹）助產士的歷史研究（1920
～1970）／鍾淑姬 著 -- 初版 -- 新北市：花木蘭文化出版社，
2014〔民 103〕
目 2+144 面；19×26 公分
（臺灣歷史與文化研究輯刊 六編：第 14 冊）
ISBN 978-986-322-957-5（精裝）
1.醫學史 2.助產士 3.臺灣
733.08   103015089

ISBN-978-986-322-957-5

9 789863 229575

臺灣歷史與文化研究輯刊
六 編 第十四冊   ISBN：978-986-322-957-5

從妊產婦名簿到助產所：
台灣（新竹）助產士的歷史研究（1920～1970）

作 者 鍾淑姬
總 編 輯 杜潔祥
副總編輯 楊嘉樂
編 輯 許郁翎
出 版 花木蘭文化出版社
社 長 高小娟
聯絡地址 235 新北市中和區中安街七二號十三樓
　　　　 電話：02-2923-1455／傳眞：02-2923-1452
網 址 http://www.huamulan.tw 信箱 hml 810518@gmail.com
印 刷 普羅文化出版廣告事業
初 版 2014 年 9 月
定 價 六編 21 冊（精裝）新台幣 42,000 元

從妊產婦名簿到助產所：
台灣（新竹）助產士的歷史研究（1920～1970）

鍾淑姬　著

作者簡介

鍾淑姬 台灣新竹客家人 中央大學中文系畢業 清華大學歷史研究所碩士。

曾擔任國語日報語文班及作文班教師。1987 年加入新竹市公害防治協會，便投身台灣草根環保運動，進而關心性別平權、文化資產保護等社會議題。由於出身於助產士家族，祖母、母親、嬸嬸、舅媽、妹妹皆為開業助產士，對助產士有特殊情感，痛心助產士行業的式微，決心為助產士留下記錄。1999 年進入清大歷史研究所科技史組，由傅大為教授指導，研究日治時期台灣助產士執業狀況。完成《從妊產婦名簿到助產所：台灣（新竹）助產士的歷史研究（1920～ 1970）》。

提　　要

1970 年台灣婦產科醫師接生率首度超過助產士，之後台灣助產士的接生率急遽下降，至今不到 1%。以男性為主的婦產科醫師取代長期以來，全為女性的接生者，筆者認為日治時期引進的產婆是關鍵，本文首先以產婆彭錫妹 1933-1945 年妊產婦名簿為依據，探討日治末期台灣產婆的養成、接生技術、及國家機器介入管理人民私領域的痕跡。藉爬梳 1118 例的接生紀錄，新式產婆的接生技術對婦女的影響。

接著本文討論到接生的地點：今天幾乎所有的台灣婦女都外出到醫院、診所生產，這又與過去千百年來在自家生產的方式完全不同，從自家這個私密的生產空間到醫院、診所這些公領域，筆者認為戰後台灣助產士自行發展出來的「助產所」是婦女從「在家分娩」到「外出分娩」的「中繼站」，筆者透過訪談助產士、產婦還原助產所的形貌，並就衛生政策、法令進行研究，讓今天已幾近絕跡的「助產所」這個生產空間形象呈現。

最後透過比較中國穩婆與台灣先生媽、新式產婆與傳統先生媽的異同，探討接生者社會地位的變遷。漢人社會重視宗祧血脈傳承，卻又視經產血為汙穢不潔，生產遂成為重要卻隱諱的私領域事件。接生者在中國原為地位低下的三姑六婆之一的穩婆，在日治前的台灣社會，接生者卻被尊稱為先生媽，日人領台後，以西方醫學知識培植的男性為主的婦產科醫師完全不能被產婦接受 轉而培訓全為女性的新式產婆／助產士。（女性）產婆與（男姓）婦產科醫師間的關係，國家介入私領域，以法律、公權力規訓人民身體的痕跡也將在本文中加以探討。

謝　辭

　　1998 年，當了一輩子助產士的母親，在健康檢查時發現罹患腫瘤，住院開刀後，回家休養心情一直低盪，認為自己一生沒有價值，作為母親最鍾愛的女兒，不能代替她受苦，只好想辦法讓她高興。國策顧問黃越綏老師建議我跟媽媽聊天，談她的生平經歷，讓她轉移注意力，而且要正式的錄音、記錄，最好能出書，我記得黃越綏老師告訴我：「七萬字就可以出書啦！趕快寫！」恰好清華歷史所的游千惠因為修傅大為老師的課，有一項作業是要作助產士的口述訪問，她聽說我媽媽是助產士，請我安排訪談，她不知道我其實有一個助產士家族，我的祖母、姨婆、媽媽、嬸嬸、舅媽、妹妹都是助產士。我這才知道原來助產士還有人在研究哩！我自己從小在自家的助產所目睹種種婦女分娩的情狀，我想：還有比我更適合寫助產士的人嗎？加上先前黃越綏的建議，於是開始思考將母親生平助產的經歷以小說的方式呈現，最初的念頭只是利用訪談、錄音、記錄陪媽媽聊聊天，順便可以寫一點東西，「顯親揚名，立身行道」是後來才想出來的說詞。

　　我到清華找傅大為老師請教他相關的資料，傅老師說：「你這些東西其實可以寫一本碩士論文」。傅老師給了我游鑑明、吳嘉苓等人的研究論文，我就準備起參加研究所的推薦甄試，經由洪萬生教授和傅老師的推薦，我得以進入複試。放榜時，我簡直不敢相信，在大學畢業 16 年後還有機會讀研究所。我大學讀的是中文系，進入科技史的領域，一切都是陌生新奇的，大量的資訊隨著每門課的講義、書本、資料湧來，我手忙腳亂的應付，到處求救，弄得大家都知道我在念研究所，於是有好長一段時間朋友們見到我都問：「畢業沒？」可是我實在拖太久，最近朋友已經不好意思問了。還好現在我終於可

以說：「論文寫完了」。對我而言，這真是一項艱苦的大工程，五年來，我是學生、家庭主婦、社運人士、政治人物，在日常生活中隨時轉換，常常會角色混淆，這幾個身份中，當學生是最愉快、充實的，因為不停的接受新知，精神上備受滋養，讓我在扮演其他角色時雖然受到委屈、打擊仍能安然面對，五年的研究所生涯真是生命中難以磨滅的美好記憶。

浸淫在學術的殿堂中，老師們帶領我探索，陳華所長、張炎憲老師、雷祥麟老師、成令方老師、黃一農老師、游鑑明老師、李貞德老師、劉靜貞老師、林芳英老師、還有我的指導教授傅大為老師，謝謝您們！上您們的課真是享受，像一場場的心靈饗宴，令人回味再三。修課時一起唸書、趕報告、互相打氣的同學們：淑卿、宏彬、秀賢、千惠、小黑、曉嵐、燕秋、寶玲、桂玲、懿枝、窈嫻、夙雅、偉俊、中麗、玉萍，謝謝你們！漫長的寫論文期間，從提研究計畫、計畫考試、寫論文、到論文口試，一關又一關，對長期疏懶又外務繁多的我來說真是備極艱辛，「獨學而無友則孤陋而寡聞」是諸位同學們的提供意見、討論、鼓舞，使我能走完這段路程。

然而如果沒有傅大為教授，這篇論文是根本不會出現的，從我起心動念要寫有關助產士的種種，傅老師就不斷的給我指導、幫助，到後來撰寫論文期間，傅老師更是竭盡心力協助半路出家又資質駑鈍的我，讓我深深領略歷史研究令人著迷之處。這幾年研究生間流傳著「獅子教授」的笑話，我和學姊、同學們一致同意傅老師絕對是「獅子王」。而口試委員台大社會系吳嘉苓教授及台北護理學院護理助產所郭素珍教授，幾年來給我的啟發指導也令我銘感在心，多謝各位老師無私的教誨和協助。

寫論文收集資料是重要步驟，多虧了許許多多好朋友「情義相挺」，尤其陳素芬幫我收集歷年助產士相關法令；霧峰郭雙復先生提供我他多年的珍藏；王順隆老師同意我使用他辛苦收集、整理的歌仔冊；林志成建築師幫我將粗糙的助產所平面圖畫成專業的示意圖；黃提源教授指導我解決統計上的問題；范文芳老師、王鼎銘、張恬君、薛瑞元、邱太三、利錦祥、賴清德、簡肇棟、劉進興、黎中光、詹雅能、范燕秋諸位提供寶貴的意見及協助，還有接受我訪談的助產士們：陳滿妹、花含笑、胡春蘭、陳麗華、邱明秀、余春梅、練杏村、還有我的媽媽黎素美、妹妹鍾淑宜；婦產科醫師：杜慶增、李光興、彭玉吉和醫師娘杜太太、彭太太；還有吳婆婆、孫姥姥、王媽媽、林媽媽、美玉姐、月梅姊、綺芳跟我分享她們生產的經驗，在此深深致謝。

　　能夠重回學校當學生實在是非常幸福的事，也是許多人企盼不到的奢侈，感謝父母大力的資助，讓我在經濟上沒有後顧之憂，而生活上幫助我、支持我、提醒我最多的孫慶蘭則是我上輩子修來的福氣，她和三姊文月梅、苑平組成的加油打氣隊讓水深火熱中的我能抱持好心情和奮戰的勇氣。缺少她們無微不至的照顧，我的論文至今恐怕連影子也看不到。

　　這五年的研究所生涯，讓我有幸踏進學術的殿堂一窺堂奧之美，也讓我在老公、兒子因為我的虛應故事、敷衍應付而產生的怨言時，能夠以上課、寫論文為藉口，明知有虧為人妻、人母的職責還振振有詞。無論如何總算是捱到論文完成的時候，再次感謝師長、朋友、家人的指導與支持，此刻的我感到幸福洋溢，這篇論文如有任何貢獻都應歸功於您們。最後借用賈得・戴蒙在槍砲病菌與鋼鐵中的一段話作為這篇謝詞的結束：「無論如何，我希望說服讀者：歷史絕對不只是一個又一個的事實。人類歷史的確有普遍的模式，解釋那些模式的努力，不僅能生產慧見，也是個令人著迷的事業。」研究到此告一段落，但是新的方向似乎已露出曙光。

　　僅以這篇論文獻給為助產事業奉獻一生的祖母彭錫妹和母親黎素美

第一章 緒 論

源 起

2001 年五月，台灣有史以來第一位女性副總統，應邀在護士節的慶祝大會致詞，他感謝當年為他母親接生的「護士」……。根據文獻的記載，副總統出生的年代〔註1〕，台灣護士人數很少，也不被允許接生，因此為他母親接生的應該是先生媽、助產士/產婆。這樣的錯誤無論是政治人物的應酬話或其個人認知不足，並沒有引起任何更正，被祝賀的護士們似乎也欣然接受副總統的感謝，將接生劃進護士的工作範圍。

先生媽〔註2〕、產婆、助產士為台灣婦女接生並不是發生在遠古的事，1940 年代，台灣一半以上的嬰兒仍由先生媽接生〔註3〕。1970 年台灣地區嬰兒由助產士接生的佔 37.65%，那一年由醫師接生的嬰兒比率是：39.58%，首度高過助產士的接生率。在 1970 年之前，台灣地區助產士的接生率年年高於醫師的接生率〔註4〕。至今才短短的卅年，助產士這個行業好像已經被遺忘了，

〔註1〕 按中選會資料：呂副總統為 1944 年出生。
〔註2〕 台灣慣習記事（中譯本）第二卷上第一號 雜錄 台俗閒語 白山人（有關出生及其慶賀之習俗）產婆稱為「先生媽」（Sen-ci-ma，用閩南語讀音）。另：吳濁流小說有「先生媽」一篇，指的是醫師的媽媽。本文為行文方便，中國傳統的接生者稱：「穩婆」；台灣傳統接生者稱「先生媽」、「先生娘」；日治時期受過西式接生訓練的接生者稱「產婆」；戰後稱「助產士」；醫師的妻子稱「醫師娘」避免混淆。
〔註3〕 洪有錫/陳麗新，2002，頁 134。
〔註4〕 衛生統計 1991

一般大眾對「產婆」的形象退回到章回小說中，是鄉里中非專業、沒知識、不講衛生、小奸小惡的老婦人，是三姑六婆〔註5〕之一。在今天，台灣的生產制度在 1990 年代已達到獨占的局面，除了送醫不及的例子外，所有的婦女都在醫療院所生產〔註6〕。而與健保局簽約的助產所只剩下 24 家〔註7〕，如果一個婦女告訴你她想找助產士接生，大多數的人一定用狐疑、不相信的眼光看她，今天在台灣婦女要找助產士接生已經變得非常困難了。先生媽則完全絕跡了。

助產士行業沒落這個事實是我無法改變的，但是助產士被污名化，是我不能同意的，因為我來自一個以助產士為家族行業的家庭，我的祖母、母親、嬸嬸、舅媽、妹妹……都是助產士，我親眼目睹許多婦女透過助產士的幫助，順利生產，我看到的助產士們是受過訓練、領有國家執照的專業人士。這個曾經蓬勃興盛的家族事業逐漸沒落，可說是台灣助產士沒落的縮影。同樣的，先生媽一樣是一個曾為台灣多數婦女倚重的行業，已在政府有計劃的打壓下湮滅消失，現在是否要輪到助產士被消滅？如果助產士這個行業已經完全不合時代需要，未來完全沒有存在的必要了嗎？在歐美各所謂醫學先進國家仍有一定比率的助產士執業的今天，何以助產士獨不能在台灣生存？我做這項研究的動機就在企圖將助產士的執業真相紀錄下來，此外還希望尋找助產士再出發的可行性。

台灣先生媽與中國穩婆其實是很不相同的，在耙梳有限的文獻資料後，雖難窺全貌，仍將在本文中做一些探討，但將討論的重心放在自 1920 年代起至 1970 年代台灣的「助產士」/產婆。因為自 1920 年代之後台籍的產婆/助產士才穩定年年增加，而 1970 年之後，婦產科醫師迅速取代助產士，成為台灣接生的主力。此外本文也只以北台灣的新竹地區為主要範圍。我期望在先進們既有的研究基礎之下，紀錄下這個行業工作的真相，探尋其如此迅速衰落的原因，更希望能為婦女就業、婦幼照顧、社區服務提出另一種可能的新血。

第一節　歷史脈絡

生產原本是自然的事，過去的婦女可以獨自生產，中國元末明初四大傳

〔註5〕 三姑六婆指：尼姑、道姑、卦姑，媒婆、牙婆、虔婆、藥婆、師婆、穩婆。
〔註6〕 黃于玲/吳嘉苓，2002，頁 74。
〔註7〕 中央健保局特約醫事機構查詢系統，
　　　　http://www.nhi.gov.tw/06inquire/inquire_index.htm

奇之一的「劉知遠白兔記」中即描述女主角李三娘獨自生產，以牙齒咬斷臍帶，因此兒子命名爲「咬臍郎」的故事。賽珍珠的小說「大地」也描述阿蘭獨自生產，只要求丈夫幫她剖一根用來割斷臍帶的蘆葦。這類的故事將婦女獨自生產描繪成艱辛無助，是非常可憐的。分娩的過程中伴隨的產痛是非常令人難以忍受的，產痛雖然沒有人能替代，但是若能協助產婦減輕疼痛、縮短時程、或僅僅陪伴、安慰都成爲婦女生產時的支援。生產時由親族、鄉里中有生產經驗的女性長輩協助，即演變成穩婆、接生婆。協助生產是親族、鄰里中互惠的社交活動之一。像有婚、喪活動親戚、鄰里會來幫襯打點一樣。只是生孩子比較隱晦，禁忌也多，需要更有經驗的人來進行。既然是互相幫忙，就不是交易，而穩婆、接生婆在幫忙完得到的酬勞就必須視產婦家人的意願，沒有固定收入，穩婆、接生婆只是副業。在西方也類似，在現代醫學興起前，分娩只是一種社會行爲，而非醫療行爲。這種女人間的儀式性活動，形成所謂的 gossip 生產文化——由產婦、產婆、及街坊鄰居婦人形成一個男人被排除在外的圈子。產婦們主導大部分生產經驗，街坊鄰居在產婦陣痛及分娩時予以協助及安慰，產婆則在家中產房扮演一個非干預者的角色。隨著助產知識及技術的累積進步，分娩漸漸從社會活動轉爲醫療行爲。女性主義醫學史家 Ornella Moscucci 更明確指出，十八世紀婦科醫學的最重要發展是「助產士開業醫」階層的興起，及婦幼疾病被納入正統醫學範圍[註8]。即便是如此，此一時期新生兒及產婦的高死亡率並未因此改善，但是生產這件事由原爲隱晦私密的社交行爲，因爲醫療的介入轉而成爲醫療活動。

日本在明治維新後，爲了配合其富國強兵政策，引進西方醫學，1874 年頒布的醫療制度中即定有改革產婆的規章，一則進行舊產婆的講習，另則設立產婆學校培養新式產婆[註9]。1892 年起日本國內開始有人提出，「產婆」一詞含有下賤卑陋之意，因此當時著名的婦產科醫師（如緒方正清、高橋辰五郎等人）開始提出並積極推動使用「助產婦」一詞。從此在日本國內，對於接生者同時存在「產婆」與「助產婦」二種稱呼[註10]。

1895 年之前，台灣已經有西醫，起初是以傳道醫爲主，後來也有台灣人皈依基督教並且學習西醫，進而行醫。但是，對於當時的傳道醫，針對婦女

[註 8] Moscucci,1990, p.10.
[註 9] 游鑑明，1993，頁 52～53。
[註10] 洪有錫/陳麗新，2002，頁 3。

病及生產等事，是否比傳統漢醫還有各地的產婆等要好很多，則似乎沒有太多討論。文獻的記載中可見的是，早期的教會女醫，曾得到不少女信徒的歡迎。男性婦產科醫師在當時台灣似乎是不可想像的。新樓醫院的委員顏振聲屢次提到「本島的婦人的生產很辛苦，不喜歡親近男醫師，寧願死亡，不肯受醫治。」這種情況一直延續到日本治台初期〔註11〕。

　　1895 年台灣成為日本殖民地，從明治以來努力學習西方德國的醫學成果，就逐漸在台灣傳播開來，在大稻埕開設總督府醫院，1896 年川添正道以軍醫身分任產婦人科部長，1897 年並為醫學校的兼任助教授，產婦人科（即今婦產科）與其他醫科的發展在時間上並不算晚，但是當時風氣保守，雖然川添氏在台灣也培植了 3 位婦產科醫師，但因為是男性，婦女不上門，這些婦產科醫師大多放棄專業，返回故鄉當公醫，從事一般醫療防疫工作〔註12〕。只留下 200 多名女徒孫之助產士，散佈在台灣各地區。川添之後，1914 年出身於京都大學產婦人科講師的迎諧來台，以臨床手術而享盛名，然迎氏服務的對象以日籍人士或上層社會的台灣婦女，對改變台籍人士的保守風氣影響不大。婦產科醫師還是極為稀少，在 1915 年，總督府醫學校已有畢業生 364 人，但是選婦產科的不到百分之一。

　　台灣第一位婦產科開業醫高敬遠 1920 年在台北開設「高產婦人科」時，仍然戒慎恐懼，「開始從來沒人敢問津的工作」。高敬遠作為開業的婦產科醫師，雖然在婦女的生產醫療上有所突破，但是在許多方面仍然在重複川添正道的老路：學術研究、與訓練近五百名女徒弟之助產士〔註13〕。

　　日治初期台灣並無所謂公共衛生建設可言，各種傳染病使殖民政府吃足了苦頭，因此台灣總督府投入大量的人力、財力在傳染病的防治上，以維護殖民主的直接利益。至 1902 年，總督府訂定「產婆養成規程」，始有產婆的培養，此時以日籍護士為培養對象。迨 1907 年高木友枝擔任總督府醫院長時始提出培養台籍產婆的建議，同年四月，總督府頒布「助產婦講習規程」，並設立講習所，設置專門培養台籍產婆的速成科，這是台灣新式產婆培訓的開始。「產婆本科」少有台籍畢業生，1922 年後，在「撤廢日台人差別教育」及「日台共學」的口號下，產婆本科才正式對台籍學生開放，1925 年以後，

〔註11〕傅大為，2001，頁 3。
〔註12〕台大婦產科百年輯錄──台大婦產科百年回顧。
〔註13〕傅大為，2001，頁 4。

產婆本科每年都有台籍的畢業生，台籍產婆的人數穩定增加。1931 年起總督府正視全面性母乳兒保健，殖民政府正視嬰兒高死亡率而願意加以改善的主要原因，仍是以確保人力供應以因應戰爭需求〔註14〕。嬰兒的接生工作被納入公共衛生的範疇，產婆的訓練連帶受重視，無論日籍護士為主的產婆本科或專門培養台籍產婆的速成科，都在政府的主導培訓下產生。在日治時期產婆是一種「免許職業」意即領有證照的專業工作，政府為她們劃定工作區域，照顧責任區內的產婦，此外因為接生斷臍，是最直接證明親子關係的「證人」，因此她們被政府賦予開具出生證明的職責，政府藉此掌握人口的出生數，為戶政制度奠下基礎。又由於執照只發給受過訓練的新式產婆，不但提高新式產婆的社會地位，也逐漸取代傳統的先生媽。「接生」從「年老、貧窮婦人的副業」到「具現代醫學訓練、為國家服務的專業」其間差距不能以道里計。

　　在台灣醫療衛生資源普遍缺乏的時代，助產士曾經扮演婦幼衛生保健工作中不可或缺的重要角色。由於日治時期台灣醫學校不收女生，因此女性的醫師可說是鳳毛麟角，而男性婦產科醫師和女性的助產士關係在日治時期並不是競爭上的對手，而是助產士們可敬的老師、危險難產時的救星〔註15〕。

　　日本政府在富國強兵的政策下，依循 1874 年頒布的改革產婆規章，在殖民地台灣致力訓練產婆。因此說台灣的新式產婆是國家機器製造的一點也不誇張。在政府透過國家機器的培訓、法律上的規定，使產婆這項「免許職業」對於當時女性而言是婦女在選擇有限的職業中自主性相當高的工作。是中下階層婦女改善現有的經濟狀況與社會地位的契機。助產士呈現出的風貌，不僅大異於傳統先生媽，其地位甚至可與女教師或女醫師相提並論〔註16〕。傳統的先生媽們因為政府有計劃的打壓而逐漸被新式產婆取代。然而殖民政府並未制定一套完整的產婆教育制度，也未設置專門學校進行長期的人才培訓。甚至在較偏遠地區以舊式先生媽進行速成講習取得執照，讓某些先生媽得以「就地合法」，此舉使限地產婆的人數增加了，但是其助產的專業和技術並未提昇〔註17〕。

〔註14〕　洪有錫，陳麗新，2002，頁 2。
〔註15〕　傅大為，2001，頁 6。
〔註16〕　游鑑明，1993，頁 88。
〔註17〕　游鑑明，1993，頁 88。

　　1945 年日本戰敗，國民政府在台灣施行在大陸制定的「助產士法」，之後在台灣地區對於接生者的稱呼即以「助產士」取代產婆。國府來台，在「反攻大陸」的既定「國策」下，人力資源被認為是一項戰力指標，因此「增產報國」的口號中，包括人口生產。助產士需求繼續增加，政府於 1947 年設立台北醫事職業學校中有三年制的助產科，招收初中畢業的女生就讀，培訓助產士，並比照培育國小教師的師範生，學生得享公費以為鼓勵。一方面以檢定考試方式，增加合格助產士人數。隨著經濟的起飛，對助產士素質的要求也隨著提高，1962 年省立台中高級護理助產職業學校設置 4 年制產護合訓科。1963 年台北醫學院附設護理助產專修科設立五年制護產合訓科，同年省立護理專科學校也設置五年制護產合訓科，其後私立的護理學校紛紛設立〔註 18〕，助產士的培訓學校從高職到專科，國家透過法律，嚴格執行證照制度〔註 19〕，助產士成為更專業的工作。1951 年台灣地區婦女生產由醫師接生僅佔 3%，而由助產士接生的有 33%，1957 年和 1958 年助產士接生率超過 40%，而這兩年醫師的接生率分別：7.79% 和 8.43%〔註 20〕。原為前往產婦家接生的開業助產士，也為了同時能照顧數個產婦，而開設助產所為執業場所，助產所儼然成為「生產專門醫院」，助產所只被允許接生順產嬰兒，難產則必須轉請婦產科醫師處理。助產士的工作鎖定在產前檢查、接生、開具出生證明及產後對產婦、嬰兒照護。至於婦女產後裝避孕器、墮胎、婦科疾病則是婦產科醫師的工作範圍，助產士不能也不許執行。國民政府雖然將助產士的素質從速成班初中程度提升到高職、專科程度，但是仍未到大學、研究所。相對於醫師，僅七年的醫學院養成教育就較助產士專業、更有說服力。所以助產士將傳統的先生媽、接生婆淘汰，但很快的婦產科醫師也取代了助產士，這個由女人完全獨占的行業，只經過曇花一現的好光景，便逐漸沒落。

　　本文要討論的助產士/產婆主要是指自 1895 年之後日本殖民政府引進的

〔註 18〕行政院衛生署資料。

〔註 19〕助產士法第二十九條規定：非助產士擅自執行接生業務者，處一年以下有期徒刑，得併科二千元以上二萬元以下罰金。但醫師法另有規定或在助產士、產科醫師指導下實習之助產學校學生或臨時施行急救者，不在此限。犯前項之罪因而致人於死者，處五年以下有期徒刑，得併科五千元以上五萬元以下罰金；致重傷者，處三年以下有期徒刑，得併科三千元以上三萬元以下罰金。

〔註 20〕衛生署 1991 統計資料。

及國民政府遷台後沿用於中國大陸制定的助產士法所規定的持有證照、受過正式助產教育者，她們是一批由國家刻意培養，使用來自西方的醫學技術，以接生爲職業的專業人士。至於傳統舊式的以接生爲副業的接生婆則以台灣民間慣用的「先生媽」稱呼，作爲區分。雖然 1907 年日本殖民政府已在台灣設置產婆速成科，然而維持年年有台籍助產士本科畢業生遲至 1925 年後，因此我選 1920 年爲研究的起點。而如前所述 1970 年台灣地區出生嬰兒接生率，婦產科醫師首度超過助產士，從此助產士接生率一路下滑，終至沒落，1991 年教育部停辦助產教育，1992 年衛生署取消公立醫院助產士編制，助產士這一行業陷入前所未有的低迷時期。

第二節　研究回顧

　　回顧過去一百年台灣的接生者轉變，從傳統的先生媽、助產士到婦產科醫師；生產的地點從家到醫療院所；生產行爲從宗教儀式、社交活動到醫療行爲；游鑑明認爲：殖民政府與地方領導階層的鼓吹下，傳統先生媽逐漸被淘汰，助產士制度的引入台灣，對台灣產婦、新生兒的安全有很大的提昇。助產士成爲婦女職業選擇的新寵，助產士的地位甚至可以和女教師、女醫師相提並論，不再是「三姑六婆」。然依據政大歷史系范燕秋博士論文指出在 1905 年，台人嬰兒的死亡率，與歐美各國相較，「尚屬中等」，待 1920 年歐美各國普及嬰兒保護後，死亡率降低（大致從 15%降到 8%左右），但是台人嬰兒死亡率則居高擺盪（15%～19%之間，但是日本內地也沒有好多少，14%～18%之間），范燕秋認爲，台人嬰兒死亡率偏高，主要不是台灣產婆的直接個人問題，而是日本內地及其殖民醫療的效率性問題。另外，下條久馬一也提出台灣死產率高低與產婆人數分布無關（台北高雄兩州死產率高與先天弱質及性病有關），而且台人死產率低可能與重視兒童經濟價值有關、照顧孕婦頗爲周到（買賣童養媳與重視男孩）。〔註 21〕游鑑明從助產士收入提高，改善經濟狀況、及就業人數增加，推論助產士社會地位提高。

　　洪有錫、陳麗新則從統計資料分析認爲：先生媽在殖民政府、輿論等打壓下至日治末期的 1940 年代，接生率仍高達 61.5%，實際上產婆是相當清閒的，可見民眾應有選擇先生媽爲「一級棒」的接生者之正面原因。但是在強

〔註21〕范燕秋，2001，第六章。

勢的父權社會裡，先生媽的正面功能或許被認爲是理所當然以致於視而不見，而先生媽作爲社會的弱勢，無法提供書寫文字供後人理解重構其舊時原貌。而助產士與婦產科醫師在進步、衛生的大旗下，對傳統先生媽進行排除，助產士與婦產科醫師之間存在著一種以合作爲主、競爭爲輔，既合作又競爭的關係。〔註22〕

　　一般論者認爲助產士沒落是醫療進步的必然結果。林綺雲指出助產士的地位在組織化與專業化的過程中其地位已經動搖，此看法可從醫師與助產士接生人數的消長、產婦就醫行爲的改變得到印證，最後助產士終被醫療體制所淘汰。〔註23〕吳嘉苓則從醫師法、家庭計畫、保險制度的實施來看助產士被醫師專業權力邊緣化的過程。他認爲日治時期助產士與婦產科醫師的教育差距並未造成助產士與婦產科醫師專業地位多大的差距，因爲助產士在其接生工作的不可取代性，確立了她們相較於產科醫師的優勢。〔註24〕台灣在1965、70 年代時傳統的先生媽已經沒落，且助產士沒落之因不在於技術差而是各項權力角力的結果。〔註25〕郭文華則認爲是因爲助產士在家庭計畫之中受到排擠，無法與婦產科醫師一樣裝置樂普，進而喪失「接生」這個「市場」〔註26〕。傅大爲認爲自日治時代男性婦產科醫師和女性的助產士關係在日治時期並不是競爭上的對手，而是助產士們可敬的老師、危險難產時的救星。因此婦女從求助女助產士到接受男婦產科醫師的轉化是因爲一、早期婦產科醫師的「合作」開業策略，使男性醫師逐漸開始介入傳統男性醫師很少進入的性/別場域；二、產鉗與婦產科科技的威權政治，對婦產科醫師造成一個比助產士有利的情況；三，戰後婦產科醫師與助產士彼此競爭獲取「家庭與婦女」信任的過程中，婦產科醫師透過墮胎的特殊醫療技術，使得婦產科醫師開始大幅領先；四，戰後外省人〈婦女〉移民潮，提供了當時在醫院中正求發展的婦產科醫師，一個潛在非常大數量的新病患群體；五，日治時期，政府不重視女子教育，使助產士的教育層級無法提升。〔註27〕這些都是男性婦產科醫師取代女助產士的原因。

〔註22〕洪有錫，陳麗新，2002，頁 155～157。
〔註23〕林綺雲，1993，頁 269～284。
〔註24〕吳嘉苓，2000，頁 18。
〔註25〕吳嘉苓，2000，頁 30。
〔註26〕郭文華，1997，頁 144～146。
〔註27〕傅大爲，2001，頁 19。

有人會問：如果能由更科學、更進步、更專業、受更多訓練的醫生來照顧婦女的分娩，有什麼不好？這是持著「進步醫療史觀」的人必然有的疑問，他們認為助產士這個制度是因應醫師人數不足而不得已的暫時措施，所以當醫師人數夠多，助產士、產婆就可以取消了。我要問的是：「讓所有的產婦都由醫師接生」這種安排是最好的嗎？如果是，為什麼歐、美、日本醫學比台灣進步的國家，至今還有一定比率的產婦由助產士接生？台灣助產士沒落還有沒有其他原因？而助產士行業有沒有可能再次獲得婦女的青睞？是我想透過本研究探尋的。

第三節　問題意識及研究方法

在今天台灣助產士行業陷入低迷狀態，各位先進提出許多研究，我認為尚有其他因素造成助產士的衰微因此我想就以下幾方面探討：

一、日治時期的產婆執業的真實情形為何？

1895 年前，台灣由清統治，做為中國東南邊陲的小島，島上移民因襲中國的生活方式，類似中國穩婆的先生媽為島上的漢人婦女接生。日本殖民政府引進西方醫學，婦女無法率爾接受男性醫師，產婆應運而生，日治時期的產婆是如何執業的？她們與先生媽有什麼不同？她們有什麼特殊的技術？使用什麼工具？是本文第一個要探討的。因為產婆是婦女從只讓女性接生到接受男性醫師接生到今天幾乎全由男性接生的過程中的關鍵。這中間的轉折是如何而來？

二、戰後助產士是如何發展的？

戰後國民政府接收台灣，產婆改稱助產士，日治時期學徒式的產婆養成教育改以學校教育代替，助產士的基本學識要求提高，人數增加，助產士與護士合訓的制度帶給助產士的影響非常大，這中間的發展如何？戰後開業助產士發展出一個新的助產空間，產婦們跨出家門，開始到家以外的地方生產，這又是一個習慣的大翻轉，今天絕大多數的台灣婦女不在家中生產，筆者相信助產所是最產婦離家生產的第一個選擇。助產所的設備如何？有什麼特殊技術？跟婦產科診所有什麼差別？這是我第二個要探討的部分。

三、台灣助產士的歷史地位如何？

漢人社會重視宗祧血脈，但是又視經產血為不潔，歷史上的女性接生者，從面目模糊到身份低下、面目可憎的中國穩婆，已根深蒂固。漢人來到台灣，成為「懇篤盡仁術」的先生媽，日本殖民政府引進西式產婆，由於政府的提倡、培植，本身又專業的技術，成為經濟的生產者，地位直追女醫師、女教師。可說是歷史上地位最高的女性接生者，這中間的原因是什麼？如何轉折而來，是我第三個要探討的部分。

古代婦女在家生產，穩婆、先生媽到家接生。現代的婦女絕大多數到醫院、診所生產，婦產科醫師為她們接生。助產士是這個轉變中的「過渡者」，過去的研究一直強調助產士與傳統先生媽、穩婆一樣，是到家接生的，而忽略了助產士開設的助產所。筆者認為助產所是將婦女生產地點從家轉變到醫院的「過渡地」。我認為助產所的設立對助產士有很大的影響。因此首先我希望從助產所來切入我的研究。

現行助產士法規定：助產士執業應設立助產所或接受助產所或醫療院、所約聘。〔註 28〕這項法令的訂定，賦予助產士開設助產所的法源。助產士前往產婦的家中接生，所攜帶的器具必然有限，消毒可能也不夠完備，可是改成在助產所接生，各種器械、設備必然較攜帶式的完整，助產的技術也能夠累積，還有讓產婦集中在助產所，不會顧此失彼，可以同時照顧多名產婦，助產士接生的人數是否因此提高？然而如前所述，台灣助產士被禁止使用許多器械，如墮胎、剖腹產等手術也不可以執行，因此在當助產士企圖營造一個類似醫院而實際上與醫院功能相差很大的接生場所──助產所，使助產士在醫療設備比不上婦產科醫師，又喪失原有傳統先生媽在家接生所能營造的溫馨氣氛，讓助產士喪失優勢？「助產士/產婆只能接生，難產才由醫師接手」這是在助產士/產婆為主要接生者時代的分工，助產士為其業務，勢必會盡量增加自然產的可能，各種有助自然產的技術會被保留、研發、精進。但是在產婦、胎兒安全的最高指導原則下，剖腹產取得解決難產的萬靈丹的意象，安全自然產的技術逐漸「失傳」。許多婦產科醫師為了避免醫療糾紛，只要產婦有一丁點難產的跡象，或是家屬稍微要求，便以剖腹為產婦接生。美國、英國、澳洲等都有研究顯示，重用助產士對降低剖腹產率、減少分娩中侵略

〔註28〕助產士法第十條。

性的醫療措施大有助益。

　　從法令的規定觀之：助產士被禁止從事許多業務。助產士在婦女懷孕、分娩及產後整個過程中，擔任陪伴、協助、指導的角色，婦女是主體。過去婦女生產，醫師大多在產婦出現不正常、危險的時候進行醫療、搶救。事實上因為種種因素，助產士也會觸及難產的處理。此外助產士還有其他婦產科醫師不做的接生技術嗎？而先生媽是否也會傳承某些有助於順利生產的技術？我也希望能在本研究中探尋。查詢健保局的規定，助產士的業務除了接生，還可以做子宮頸抹片檢查。當助產士具備更高的學歷〔註 29〕、擁有更好的技術，助產士的執業範圍是否可以擴大？

　　助產士的另一項業務──開出生證明──對助產士的影響。開出生證明的資格是否為助產士提高社會地位？在中國、在台灣的傳統觀念中，女人的經、產血是被視為「不潔」的〔註 30〕，會沖犯神明或帶來惡運。所以在坐月子期間的婦女除了不可祭祀或入廟外，也不可以出門，尤其嚴禁去別人家，包括進「月內房」〔註 31〕都是禁忌。男人是不進「月內房」的，分娩時男人當然不會靠近，以免犯禁忌帶來「衰」運，〔註 32〕，遑論為婦女接生。接生是一種卑下、不潔的工作，所以由女人擔任，這也許是穩婆、先生媽的社會地位一直不高的緣故。古代穩婆除了接生，還在官府有需要時為婦女驗身，證明女子的「清白」，助產士除了接生之外的特有業務則為開出生證明。這項業務為助產士帶來什麼影響？

　　現代國家為要掌握確實的人口數，從人民出生起就進行登錄，確認血統非常重要，國家只賦予醫師、助產士開具出生證明的資格，使助產士的地位提高。在「DNA」檢驗技術未發明時，要確定親子間的關係只有靠接生的醫師或助產士的證明，事關財產、宗祧、繼承、香火，法院必要時會傳醫師、助產士到法庭作證，而先生媽是不具此項資格的，所以助產士的法律地位較傳統先生媽高。

　　不實出生證明，成為助產士沒落的遠因？戶籍法規定〔註 33〕嬰兒出生在

〔註 29〕輔英技術學院於 1999 年餘停辦八年後，再度成立四年制助產系。台北護理學院於 2000 年成立護理助產研究所。
〔註 30〕翁玲玲，1999，頁 109。
〔註 31〕指婦女生產坐月子的房間。
〔註 32〕翁玲玲，1999，頁 107～111。
〔註 33〕戶籍法第十四條規定：出生，應為出生之登記。發現棄嬰、無依兒童尚未辦

三十天內應向戶政機關辦理登記，在電腦網路未普遍的時代，國家要掌握人民確實的動向，只好透過戶籍登記。然而這項法律規範了大多數的人民出生登記，但是因為採登記制，所以有許多漏洞，給不實出生證明存在的空間。例如：非婚生子女要謊報為婚生子女、領養子女要謊報為親生子女、未婚生子不願留下紀錄……。開立不實證明是違法的，而且是公訴的偽造文書罪，追訴期長、處罰嚴重，醫院、醫師較少作，當村、里長不許開出生證明時，與產婦比較接近的助產士成為被拜託的對象。有一些助產士藉職務之便與犯應集團勾結，以開不實出生證明牟利，這是情節重大的違法。另外法律規定嬰兒在出生後一個月內要向戶政事務所辦理戶籍登記，有許多人因為擔心小孩養不活，若作戶籍登記後，不幸嬰兒死亡，還要請醫師開死亡證明，辦理死亡登記。有因為迷信認為嬰兒出生的日期不吉祥，想要在戶籍登記上避開不吉利的日子。因為嬰兒命名遲遲未決定，為了避免改名的麻煩，而延誤了辦理出生登記。凡此種種，都是超過了法律規定的申報期限，又為了要逃避罰鍰，便請求助產士將出生日期延後填寫。到今天我們還可以聽說許多人〔註34〕身分證上記載的生日與真正的生日不是同一天。雖然這是比較輕微情節，但是這種情況發生的比率非常頻繁，這對守法的助產士們造成很大的困擾，這部份我希望藉此記載下來。現在兒童福利法要求醫療院所在嬰兒出生二週內向戶政機構通報，國家要掌握人口資料容易多了，因此雖然人民仍必須前往戶政機關作出生登記，但要作不實證明的機會小多了。加上各種保險規定〔註35〕、社會福利措施〔註36〕，人民為自身權益也少作不實證明的要求了。

理戶籍登記者，亦同。

第三十一條：出生登記，以父母、祖父母、戶長、同居人或撫養人為申請人。前項出生登記，如係棄嬰或無依兒童，並得以兒童福利機構為申請人。

第四十七條：戶籍登記之申請，應於事件發生或確定後三十日內為之，其申請逾期者，戶政事務所仍應受理。戶政事務所查有不於法定期間申請者，應以書面定期催告應為申請之人。遷徙、出生、死亡、更正、撤銷或註銷登記，經催告仍不申請者，戶政事務所得逕為登記。

第五十三條：無正當理由不於法定期間為登記之申請者，處新臺幣三百元以下罰鍰；催告而仍不為申請者，處新臺幣六百元以下罰鍰。

第五十四條：申請人故意為不實之申請或有關機關、學校、團體、人民故意提供戶政機關不實之資料者，處新臺幣九千元以下罰鍰。

〔註34〕 包括當今的總統陳水扁。

〔註35〕 健保、勞保生育給付。

〔註36〕 嬰兒預防注射、生育津貼、兒童福利措施。

　　助產士與醫師一樣可以開具出生證明，她們的社會地位因此提高到與醫師類似了嗎？開不實出生證明，牴觸國家法律，助產士為什麼會作？有可能是另一種污名助產士的手段嗎？關於這方面的問題，過去的研究也少觸及，我希望做這方面的研究。

研究方法

　　本研究計劃希望藉由紀錄助產士的工作情形，一窺 1920 年至 1970 年台灣地區助產士執業的情況，並在既有先進的研究論述基礎上，探討助產士這一行業衰落、式微的原因，並就助產士的職業範圍討論助產士對台灣社會的貢獻及影響，進一步尋求助產士復興的可行性。由於範圍相當寬廣，因此將選擇新竹地區作為研究對象。

文獻資料的收集與分析

　　法律條文，藉以了解助產士的執業範圍、執業資格等相關規定。稅法資料，藉以了解助產士的收入。公會資料，藉以了解助產士職業的真實情況及集體需求。衛生署資料及紀錄。各種學術期刊、學報的相關探討文章。國內已完成之學術論述。報章雜誌及網路上相關報導及醫師專欄、網頁。對先生媽的執業情形擬向民俗掌故或文獻中尋找。

田野調查

一、產士訪談：藉由助產士的現身說法，還原助產士執業的原貌，由於老一輩助產士多已凋零，所以將著重在 1945 年以後執業的助產士的經驗。

二、產婦訪談：產婦是助產士服務的對象，希望透過產婦親身的經驗，得知她們對分娩這件事的看法，尋求問題的答案，訪問對象將力求多樣性，以免疏漏。

三、婦產科醫師訪談：婦產科醫師取代了助產士成為台灣的接生者，希望從婦產科醫師的觀點了解其對助產士、接生、高剖腹產率等問題的看法，及當時他們執業的情況。

戰後台灣「助產所」機構實作的歷史重構：空間、器具、技術、日常實

作、法律和社區網絡等面相——尋找田野資料、具體助產所遺跡、照片、器具、病歷表格、日記……等收集。

小　結

　　無論在東、西方分娩總是一件充滿禁忌的事，又因爲男女有別，長期以來男人是被排除在產房外的，無論是「穩婆」、「先生媽」、「主子婆」到日治時代的「產婆」、「助產士」都是女性，相對於今日的男性佔絕大多數的婦產科醫師，婦女摒除成見，接受男性爲自己接生是自主的選擇或是別無選擇的無奈？我生長在助產士家庭，從小目睹祖母、媽媽、嬸嬸爲眾多婦女接生，我和弟弟、妹妹們都是由祖母接生的，對我而言，能由媽媽接生是最安全幸福的事。沒想到我自己要生小孩時卻因爲懷雙胞胎而採剖腹產。估計我母親至少接生了 20000 名嬰兒，遺憾的是其中沒有我的孩子，也沒有我的姊妹的孩子。我想只能以這篇研究紀錄這個家族事業，讓它不至於消失在歷史的洪流中，或繼續背負污名。

　　近年來台灣婦女剖腹產比率一直居高不下，有識之士往往引以爲憂，而大力倡導自然產，重用助產士之議又被提起，輔英技術學院在停辦八年後，於 1999 年再度成立四年制助產系，台北護理學院亦於 2000 年成立護理助產研究所，助產士似有復甦的跡象值得觀察。2003 年助產士法在助產學界的多年努力奔走遊說下，終於修法成功，改爲「助產人員法」，2004 年台灣終於有第一批「助產師」的誕生。這些改變希望能爲台灣目前助產人員低靡帶來新契機，也能將台灣高居世界第三的剖腹產率降低一些。希望這篇研究可以對助產士的復興有一點小小的貢獻，助產人員再次出發的路上不會重蹈覆轍。

第二章　從我祖母的七冊妊產婦名簿談起——日治末期產婆資料分析

　　日治時期對產婆業務的管理，最初只在地方廳之諸項營業規則中有關產婆登記之規定，產婆需領有日本政府發給之執業許可者才許接生，然當時台灣具產婆資格的助產婦非常少，政府面臨空有法令卻沒有足夠執業人員之困境，遂有培養產婆之行動。1902 年，台北醫院制訂「產婆養成規則」，針對院內修畢看護學科並擁有一年工作經驗成績優良者，依照個人意願施予兩年的產婆進修教育，此為台灣產婆養成教育的濫觴。此課程雖然未明文排斥台籍婦女，但是由於語言的隔閡，符合資格的婦女寥寥無幾，可說是培養日籍產婆的機構。這點從 1904 年至 1915 年間，台籍畢業生僅有 1 人可證。1907 年台灣總督府頒訂「助產婦講習生規程」，這是第一個以台灣婦女為對象的助產教育規程，講習生資格如下：

　　一、年齡在 16 歲以上，40 歲以下之台灣女人，而品行端正，身體健康　　　者。

　　二、具有台灣總督公學校資格第三年以上之學力者。但由醫院院長認為　　　適當者不在此限。

　　三、無家事繫累，而預計於規定年限內，有修業之可能者。

　　四、身份確實，而有相當資產之保證人者。

　　此一時期，全台僅有台北病院附設一所講習所，講習生享有公費，每日給予膳食費及津貼。起初報名的人很少，在馬偕博士的女兒以身作則，參加

講習及勸導下聚集了十餘人參加講習，但是第二期起，報名人數就急遽增加，由於助產婦講習採公費制度，所以學生畢業後必須連續從事 5 年之助產工作，否則必須退還所有之伙食與生活津貼。但是台北醫院的產婆養成課程因為非公費，所以沒有合約規定。一直到 1922 年，台灣的助產教育是「產婆」與「助產婦」雙軌並存。

1922 年基於「日台人共學」的精神，才將雙軌的助產教育制度統一。先後頒佈「台灣總督府助產婦講習所規則」及「台灣總督府看護婦助產婦講習所規程」，新的規程規定：助產講習分本科及速成科兩種。本科入學資格為畢業於高等小學以上者，修業期限為兩年。速成科為台籍公學校六年修業期滿者，講習時間為一年。並且制訂了「台灣產婆規則」，產婆資格的認可：除了原本要求 20 歲以上外，還必須符合下列三個條件其中之一：

A、台灣總督府醫院看護婦及助產婦講習所助產科畢業者。（不包括速成班）

B、台灣總督府產婆考試合格者。

C、1899 年敕令第 345 號第一條各號符合者。

另外因各地情形不同，有限地產婆〔註1〕的措施，以因應偏遠地區無合格產婆的情況。日本政府並於 1923 年起加強取締無執照的先生媽。

自 1902 年台北醫院設置產婆養成以來公立的產婆養成機構僅限於台北及台南，其所能培養的產婆人數仍然不敷所需，1925 年開始陸續有產婦人科醫師開辦私立的產婆講習所〔註2〕。1931 年總督府頒訂「私立產婆學校及產婆講習所指定規則」來管制私立產婆學校並確定其教育品質。

儘管日本政府大力培養新式產婆，壓制傳統先生媽的接生空間，但是一

〔註 1〕 日本政府因應偏遠地區新式產婆人力不足，准許無執照資格的產婆經過參加「限地產婆講習會」之後，在無開業產婆的地區得就地合法執行產婆業務。總督府認為短期內無法已有執照的產婆全面取代先生媽，因此初期對於無開業產婆之地區或短期內不會有人願意去從事開業地區；以每一平方公里設置一位限地產婆為目標，徵求有接生經驗且參加完短期講習教育者，經認可賦予三年限地開業資格。這些地方性質的限地產婆講習，多數由各州衛生課或警察課開授，講師不限於醫師，產婆或公醫也會擔任講師，講習時間通常為期三天，最多七天，最少一天。

〔註 2〕 1927 年張文伴醫師率先通過許可在台北州設置全台第一所私人產婆學校，1929 年至 1930 年間高敬遠、蔡阿信、謝銹治、楊金虎等人分別於台北、台中、台南、高雄陸續開設私立產婆學校。

般民眾對新式產婆的接受度並不高，仍然偏愛請傳統先生媽接生，合格產婆人數不夠是原因之一，更重要的是除經濟考量，傳統先生媽一直維持相當比率的接生率，到 1940 年，全台灣助產婦共計有 2045 人，其中 308 人是限地產婆，這一年經由助產婦接生之嬰兒計 125,667 人，平均每一助產婦接生 61 人〔註3〕。

　　這些新式產婆是如何接生？與先生媽有什麼不同？ 日本政府用什麼辦法貫徹其法令？是筆者想要探究的。過去對助產士的研究，大多從翻閱文獻記載及口述訪談切入，然時至今日日治時期之助產士大多已經凋零，少數尚在人世的也因年代久遠而記憶模糊，筆者訪談幾位老助產士及其家屬，他們的回憶多半在談「印象最深刻」的事件，如：「颱風夜翻山越嶺走路去接生」、「一生中所接的最多胎為ＸＸ胎」、「某某名人是我接生的」、「一天最多接生Ｘ位」……。對於制度、技術等問題回答得相當模糊。因此在研究上，接生工作的細節往往無法釐清；幸運的是，筆者收集到祖母的接生記錄簿，自其開始執業起（昭和八年）〔註4〕的接生記錄簿至今仍完整的被保留，這些資料對還原當時助產士執業的真實情形，有很大的助益。因此筆者決定以祖母的接生記錄簿為研究的切入點。

第一節　彭錫妹的七冊妊產婦名簿

　　筆者共找到祖母日治時期的接生記錄簿共七冊〔註5〕，從外觀上看這七冊的記錄簿，封面均有「妊產婦名簿」字樣，第一冊到第六冊封面均為「產婆鍾彭氏錫妹」，一至六冊封面內頁均記載：「紙數除表紙百枚」或「表紙共百三枚」，還有「苗栗郡役所」、或「新竹警察署」的印記。內頁每頁均有騎縫章戳。第七冊封面則改為「助產士彭錫妹」，註明「民國三十六年七月」，封面內頁則沒有任何記錄。

　　檢視其內容發現：兩個時期的紀錄內容相差很大，這種轉變除了從在新、舊兩種格式的記錄簿可看出〔註6〕外，而從內容也可以分辨出政權的交替，記錄簿第一至五冊，一律為黑色鋼筆字整齊的書寫，很少塗改或資料漏失的情

〔註3〕「台灣省五十年來統計要覽」，頁 1250。

〔註4〕昭和八年為 1933 年。

〔註5〕見表（一）。

〔註6〕詳表（二）表（三）。

形。即使是戰時疏開到三叉時期記錄仍然維持之前的狀況。但在記錄簿第六冊後半，可以看到以毛筆、藍色鋼筆字書寫記錄，字體相對潦草，許多欄位空白，甚至是產婦姓名都有塗改、漏失的狀況。

　　推斷其原因：日治時期，產婆的妊產婦名簿必須翔實填寫，警察每個月會前往產婆處檢查至少一次（記錄簿上可以看見警察逐頁檢查蓋戳記的紀錄）。若是未按規定記錄、統計，產婆會被罰款，因此記錄非常仔細。包括產婦的狀況、分娩的時程、分娩體位、使用的技術、嬰兒的情況、產褥期狀況等，都有很詳細的記載。國民政府接收台灣後，助產士接生同樣也必須做接生紀錄，但是不同時期的記錄從格式與內容即可看出明顯的不同，由於日本殖民政府與國民黨政府的規定、作法不同，致使接生記錄簿的形式、內容有很大的差別〔註7〕。戰後國民政府的規定：

　　　　助產士應備接生簿，載明產婦姓名、年齡、住址、生產次數、生兒性別等項。前項接生簿應保存十年。〔註8〕

　　　　助產士應于每月十日前將前月份助產人數列表報告該管官署層轉衛生署備查。〔註9〕

既然政府不再派警察來檢查記錄簿，加上受日本教育的祖母對於全漢字的書寫又不那麼習慣，所以戰後祖母的的接生簿記載內容相對的簡略許多，只能看到紀錄產婦姓名、年齡、住址、生產次數、生兒性別和分娩的年、月、日等項目。戰前詳述的欄位如：「初診時所見概要」、「初診後經過情形」、都只有「正常」，而「分娩十日內產婦健康情形」、「嬰兒健康情形」則多半是「健康」，偶而在「嬰兒健康情形」欄會填入「足位」、「臀位」、「嬰兒發育不良、第X天死亡」的字樣。

　　到1970年代，我母親的「接生名簿」只看得到產婦的住址、姓名、胎別、分娩的時間、出生證明的字號等紀錄，這是爲了要應付政府要求的紀錄，是備查用的，我母親執業共35年接生過20000個嬰兒，接生名簿一次也沒有被調查。早年祖母的「妊產婦名簿」化爲三種記錄，一是「接生名簿」一是「產前檢查記錄簿」，這兩種是印刷成固定格式簿子，已如上述爲開立出生證明的

〔註7〕戰後「妊產婦名簿」改成「接生簿」或「接生名簿」見圖（一）、圖（二）。
〔註8〕中華民國三十二年九月三十日國民政府制訂公布助產士法全文三十二條，本條文爲第11條。
〔註9〕中華民國三十二年九月三十日國民政府制訂公布助產士法全文三十二條，本條文爲第12條。

底本。後者則類似「病歷」，將產前檢查時孕婦懷孕期的一些資料如：血壓、體重、胎位、預產期、驗尿記錄等。第三種是記錄接生的過程細節的「筆記簿」，它只是普通的筆記簿，做為產婦資料的底本，這些資料會經過選擇謄到「接生名簿」上，我觀察這些筆記簿的內容比較像「計費紀錄」，除了產婦姓名、地址、胎別、分娩體位、施打針劑、胎盤狀況、嬰兒發育、嬰兒體重之外，產婦、嬰兒使用的物品如產後補品、嬰兒奶粉品牌、贈品等也記錄在其中，當然還有接生費數額。這種筆記簿因為事涉業務機密，又不需呈繳，只有少數被保留下來，其中涉及助產士專業技術的紀錄並不多。本章筆者企圖藉由分析祖母於戰前的接生資料，瞭解當時產婆執業的情況。對於 1947 年之後的接生記錄不作深入分析，戰後的助產士執業狀況研究，筆者將在本文第三章利用口述訪談的方式進行。

　　筆者在翻閱、整理這七冊的妊產婦名簿〔註 10〕，加上家中保留下來的舊照片，請家中長輩說明，試圖描繪祖母當年執業的輪廓：

　　　　筆者的祖母彭錫妹〔註11〕為 1911 年出生，公學校畢業後曾進入新竹女中就讀，但是僅讀了一年即因家庭經濟因素而輟學。1929 年與任職「鐵道部」的祖父鍾朝敏結婚。1930 年進入台中清信醫院產婆講習班，成為台灣第一位女醫師蔡阿信的學生，1931 年產婆學修業及實習完成，1932 年三月長女靜枝初生，七月抱著孩子去參加總督府產婆試驗，考試通過後 1933 年一月領取產婆免許證，二月即於苗栗開業。四月次女菊枝出生，七月即因筆者祖父工作的關係，轉往新竹開業，總計在苗栗她只接生了 9 個產婦。1934 年 12 月 23 日，筆者的父親肇光在新竹出生，查妊產婦名簿，1934 年 12 月 12 日祖母還在為產婦接生，1935 年的 1 月 1 日就又開始外出接生了，根本沒有坐月子，1934 年共接生 38 個，1935 年接生 40 人。1936 年則接生 59 人。業務量才剛剛有起色，祖父又被調往高雄任職。

　　　　1937 年 5 月，祖母又懷孕，將次女送回苗栗請婆婆照顧，挺著大肚子帶著長子長女與祖父遷往高雄，在「北野町二丁目四番地」開業。在高雄祖母接生的業務量非常少，1937 年到 1940 年，3 年多總共只接了 24 個嬰兒。1937 年次子出生，當時家庭的經濟非常拮

〔註10〕 詳附錄照片（一）。
〔註11〕 詳附錄照片（二）。

据，祖父擔任火車司機的微薄薪水，還要拿回老家奉養父母，夫妻倆常因生活費用爭吵。1940 年是祖母生命中最黑暗的一年，六月聰慧貼心的長女靜枝罹患腦炎天折，十月第三個兒子出生但是還沒滿月就因腹瀉天折，一年之中連續失掉兩個孩子，那椎心刺骨的傷痛祖母一生都無法忘懷，1941 年祖父請調回新竹，祖母離開高雄這個傷心地。

1941 年祖母再次回到新竹，先在舊居新竹南門掛牌開業，這一年接生 44 人，1942 年加入樹林頭保健組合〔註12〕，業務量遽增為 208 人。1943 年接生更多達 271 人，1944 年已是戰爭末期，新竹市因為有一軍用機場，時常遭美軍空襲，筆者父親與叔叔被送到三叉舅公家，當火車司機的祖父與當產婆的祖母都不可擅離職守，這一年共接生了 269 人，1945 年新竹每天都遭受空襲，祖母才奉准疏開到三叉〔註13〕，仍然從事接生工作，共接生了 90 人。

戰後國民政府接收台灣，祖母回到新竹繼續從事助產工作，1950 年起祖母在自家開設助產所，讓產婦可以到助產所生孩子，當然還是會應產家要求前往產婦家接生，但工作重點漸漸轉移到助產所，接生人數直線上升，她甚至在物色媳婦時，要求兒子從具「助產士執照」的女子中尋找。因此筆者的母親、嬸嬸都是助產士，就是因為祖母刻意的安排。有了媳婦後，祖母將接生的工作部分交給媳婦，外出為嬰兒洗澡、護理肚臍、產後訪視的工作就由她自己承擔，直到 1969 年，祖母在去為產婦做產後訪視、嬰兒洗澡的路上出車禍去世。在她 58 年的人生歲月中有 36 年都在從事接生工作，到今天，我如果跟七十歲以上的新竹人提到南門的產婆彭錫妹，人們都還有記憶，甚至會告訴我，他的幾個孩子是由祖母接生的。估計祖母一生至少接生了 10000 個嬰兒，本章討論的接生資料即來自祖母自 1933 年起至 1946 年間共 1118 人次產婦的紀錄。

從這些「妊產婦名簿」的記載我們可以得知，產婆彭錫妹不是限地產婆，因

〔註12〕新竹市志政事志衛生篇，頁 1947，保健組合：昭和十三年四月（1938），新竹州開始有保健組合團體的組織，以各警察派出所為單位組織而成，其目的在預防並醫治地方疾病及傳染病，同時輔導有關衛生事業。

〔註13〕按三叉即今之苗栗三義。

爲她在苗栗、新竹、高雄、三叉都曾執業，限地產婆是不能任意移轉執業地點的。然而她並沒有因爲擁有產婆執照而受產婦青睞，在她開業的前幾年，接生人數都少得可憐〔註14〕，尤其是 1937 到 1940 年間她在高雄，3 年多總共只接了 24 個嬰兒。她剛開業時只有 22 歲，雖然是在家鄉，也許知名度未打開、也許是當地一般婦女仍不能接受由年輕產婆接生，業務量不大。第一次搬家來到新竹，業務從 40 人漸漸增加到 59 人時，才剛剛有起色，又再次搬家，在高雄一切又要重新來過。

　　我們想像一個 26 歲的年輕客家女子，跟著當火車司機的丈夫帶著 3 個孩子，從遙遠的新竹州來到高雄，就算她有執照，誰會輕易的找她接生？筆者仔細察看這 24 位產婦資料發現：其中有 15 位是住在「高雄市北野町」，她在高雄的業務地是：「高雄市北野町二丁目四番地」。其他 9 位不是住在北野町的產婦中，有 6 位從名字看可判斷爲客家人〔註15〕，比例這麼高，我們可以推斷，地緣、族群是當時產婦選擇產婆的原因之一。筆者相信口碑比執照更有說服力。歌仔冊中不只一處稱讚「產婆眞正好手勢」、「扣姐這個第一看」，都說明口耳相傳的的名聲是產婦選擇接生者的重要因素。其次：1926～1936年間，高雄州每年平均舉辦三至四次的「限地產婆講習」，大力投入限地產婆教育〔註16〕。1937 年她去到高雄，限地產婆們的業務已經相當穩定，即便來了一位合格產婆，也不易改變產婦原有的選擇模式。可見當時產婦在選擇接生者時不會在乎接生者有沒有執照，因此日本政府的限地產婆制度其實是對現實的妥協，既然傳統先生媽如此受產婦喜愛，只好要求她們接受簡易的衛生教育，重點是可將先生媽納入管制。

　　筆者訪問一位今年 90 歲住竹東的老太太，她告訴我：她生七個孩子每一胎都是請關東橋的一位「何先生娘」到家裡接生，問她這位「何先生娘」有沒有執照？老太太答道：

> 我毋知佢有牌無，無牌怕麻該？佢當曉得，檢細人極好勢，埲哩庄
> 下通旁尋佢剜臍〔註17〕。

〔註14〕 詳表（四）。

〔註15〕 她們的名字都有「妹」，這是典型客家女子的命名方式。

〔註16〕 高雄州衛生要覽，高雄州警務部衛生課 1937 年，頁 28。

〔註17〕 客家話：意思是：「我不知道她有沒有執照，沒有執照也沒關係，她技術很好，接生總是很順利，我們村子裡的人都是找她斷臍的」。

這位「先生娘」是哪一類產婆？現在已不可考，新竹市志中記載的「日治時期開業助產士」名單中並沒有姓何的產婆〔註18〕。但是也不能光以「先生娘」這個稱謂斷言爲她接生的是一位限地產婆或沒有執照的先生媽，因爲新竹地區無論福佬人、客家人都稱產婆「先生娘」〔註19〕，可是醫師太太也被稱「先生娘」〔註20〕，「先生娘」是一種尊敬的稱謂。當著面通常人們會客氣的問：「您是 XX 先生娘嗎？」或是「先生娘請您來幫我⋯⋯」不會說「你是 XX 產婆嗎？」或「XX 產婆你來幫我⋯⋯」。相對的，產婆在自稱時不會說：「我是先生娘」，而會說「我是產婆」、「我幫人接生」。

　　1941 年彭錫妹隨著丈夫工作的調動回到新竹，回到 1937 年的舊居新竹南門町繼續開業。這一年她的業績是爲 44 人次產婦接生，一個月平均不到 4 個，仍然不多。1942 年卻有大幅成長，這一年她接生的產婦共有 208 人次。1943 年增加到 271 人次，1944 年爲 269 人次，究其原因：加入「樹林頭保健組合」是重要原因，保健組合屬於基層衛生保健單位，在社區中對民眾宣導各項衛生、保健知識，每星期舉辦產前檢查及嬰兒健康檢查，對提升嬰兒的存活率頗有成效。1942 年她在今天新竹市境福街賃屋開業，成爲「樹林頭保健組合」囑託產婆，業務開始大幅成長〔註21〕。

　　由表五可知當時產婦選擇接生者，會先考慮住家附近的產婆。而政府在其中扮演重要角色，由於到 1941 年新竹州設立「公設產婆」爲全島比率最低的〔註22〕，41 街庄中僅 13 街庄設立公設產婆。只達 31.7%，同一時期台中州 59 街庄全部都有公設產婆。據推算至 1941 年止，新竹州大約還有 140～150 人左右的先生媽，1941 年以後，日本政府才開始針對這 140～150 人的先生媽授予產婆講習〔註23〕。因此當時新竹地區領有執照的產婆人數是不夠的，各地區的保健組合的設立，囑託產婆有各自的責任區域，各組合轄區內的產婦大都由該區囑託產婆接生，合格產婆被納入區域保健組合後，業務量得以穩定。這是政府鼓勵人民選擇合格產婆的方式。

〔註18〕　新竹市志政事志衛生篇③，頁 1958。
〔註19〕　筆者所訪談的助產士、產婦都稱產婆、助產士爲「先生娘」，沒有人稱「先生媽」。
〔註20〕　本文爲區別將稱醫師太太爲「醫師娘」。
〔註21〕　詳表（五）。
〔註22〕　近藤勝一　戰時下に於ける乳幼兒保護と公設產婆の使命について社會事業の友第 162 號 1942 年 5 月 15～24。
〔註23〕　免許なき先生媽に助產衛生知識注入　台灣日日新報 1941 年 7 月 19 日。

　　此外政府為了貫徹其法令，除嚴格取締無照先生媽，更以其他手段強制人民必須由有照產婆接生，以便確實掌握人口的出生狀況。在1943年起，紀錄簿的「初診時所見概要」欄中出現「胎兒娩出後，母兒無異常」的記載，即胎兒已經生出來了，一切正常，可是產家還是請產婆來家中，有這種記載的案例佔所有接生人數的23.9%〔註24〕，既然胎兒已經出生了，產婆還去做什麼？

　　表六顯示：在164個案例中有22個是胎兒雖已娩出但是胎盤尚未娩出。一般正常分娩，胎盤會在胎兒娩出後 5～10 分鐘娩出，若是胎盤無法完全娩出會導致產婦子宮無法收縮而大出血，因此需要請產婆去處理。還有 3 個案例是臍帶處理不當，這可能是去到產婦家才發現的。其他 142 位產婦為什麼會在分娩後請產婆？甚至有的紀錄記載著胎兒分娩後一小時到達，這與過去人民自行在家生產、或請先生媽接生的習慣完全不同；原來在戰爭末期，日本政府實施嚴格的配給制度，普通人不能買肉，產婦分娩後補身是被允許的買肉機會，但是必須出具產婆開的分娩證明，才能購買配給食物，所以民眾在胎兒已生出後仍然要請產婆前往，證明真的有分娩的事實〔註25〕。產婆藉這機會前往產家，指導婦嬰衛生知識及技術。此外，筆者從記錄中還做出一些統計：

一、產婦年齡〔註26〕

　　這1118人次的產婦扣除未登載年紀的56例之外，最年輕的是15歲，最年長的是49歲，29歲以下的產婦超過六成，記錄中還有三次出現「高年初產」的記載，而這三例分別是：29歲、30歲、和33歲。安藤畫一定義高年の初產婦為30歲以後第一次分娩〔註27〕。這與現代對高齡產婦的定義〔註28〕差很多。

二、分娩胎數〔註29〕

　　記錄中最高分娩胎數為17胎，分娩超過10胎的有45人次。這與現代人

〔註24〕詳表（六）。
〔註25〕這是筆者家中長輩告知狀況筆者並向訪談的問兩位日治時期產婆求證。
〔註26〕詳表（七）。
〔註27〕安藤畫一　產婆學上卷，頁258。
〔註28〕現在婦產科定義高齡產婦是：35歲第一次分娩的產婦。
〔註29〕詳表（八）。

的分娩胎數差距更大，一般而言，日治時期的台灣，也許因為人口不多，所以不准墮胎，避孕之事也極少，亦很少有這方面的知識流通〔註30〕。避孕方法的發明與家庭計畫的推廣，使生育子女人數成為可以控制的，婦女才不再為不斷的生育所苦。

三、胎兒體重〔註31〕

昭和 18 年 8 月起記錄中出現胎兒體重的記載：當時使用的單位是匁、貫，800 匁＝3000 公克，1000 匁＝1 貫。由於不是所有嬰兒都有體重紀錄，可知這也許不是必須記載的資料，但是在有記載的 310 例中，嬰兒體重與現代嬰兒相比並無多大差距〔註32〕。

四、延請醫師

日本政府頒訂的「產婆規則」中規定產婆的業務範圍產婆只容許接自然產，除了消毒、剪斷臍帶、灌腸之外禁止使用外科手術、產科器械、及提供藥物。當產婆認為妊產婦、胎兒或新生兒有異常情況發生時，應立即告知產婦家人請醫師予以診治，絕不可自行處置。但臨時急救狀況時則不在此限。因此在接生記錄中也有延請醫師的紀錄，有胎兒過大，分娩遲延時，醫師以產鉗將胎兒鉗出、胎盤延遲娩出，醫師協助胎盤剝離、產後出血，醫師協助急救……等記錄；也有將產婦送往醫院急救的紀錄，因此產婆與醫師間必定有很好的聯繫。

當時新竹地區的婦產科醫師不多〔註33〕，其中一位是女醫師張臻臻，張醫師執醫時有以下三原則：

　　（一）潛心研究超異醫術，以盡量不破腹而使難產婦人能順利分娩，減少婦女痛苦。

〔註30〕傅大為 2002（戰後台灣婦產科的手術技藝與性別政治）。
〔註31〕詳表（八）。
〔註32〕現代定義新生兒標準體重為：2800 公克至 3200 公克。
〔註33〕據 1954 年出版的「台灣醫師名鑑」，當時新竹的婦產科醫師有張臻臻（清水婦產科）、郭方興（北門郭醫院）、彭熙庚（南鄉產婦人科）、羅錦霞＆鍾淑誠（北門新和診所/浙江人）、謝家仁（謝婦產科）、王春霖（春霖婦產科/吉林人）。竹東鎮：彭祖信（彭婦產科）。（還有當時年輕的婦產科醫師連德修，好像沒有錄到）。

（二）除醫學上或有危生命理由之外，從不替人打胎。

（三）如婦女人一般生產時而非難產時，除非由助產士來邀請求支援外，絕不出診。蓋顧及免逾越助產士之工作，因此被新竹眾產婆視為「觀音」〔註34〕。

　　張醫師也會教導產婆們遇到緊急情況的應急因應之道。日治時期除了公立產婆講習班外，許多醫師也開設產婆講習班，培訓產婆人才。這些學生取得產婆資格後，在第一線為產婦接生，遇到異常情況，立刻轉介給醫師，這樣的分工，應是日治時期產婆與醫師之間的基本模式。

五、產婦住址及背景

　　新竹古稱竹塹，為台灣北部開發甚早的都會，清領時期北台灣的淡水廳治即設竹塹。1829 年級興建石磚城〔註35〕，較台北建城早 55 年，日治時期殖民政府拆毀城牆，進行都市規劃，於新竹市設立新竹州廳，為桃、竹、苗地區的行政、經濟、交通、與文化中心。1935 年新竹市改編町名，包括：田町、北門町、新富町、宮前町、錦町、旭町、表町、西門町、榮町、東門町、南門町、住吉町、花園町、黑金町與新興町 15 町，以及客雅、水田、崙子、苦苓腳、樹林頭、湳雅、東勢、赤土崎、埔頂、柴梳山、金山面、吉羊崙與溪埔子 14 大字，1941 年擴大市區，北以頭前溪為界，將溪南六家庄之九甲埔、二十張犁、與舊港庄之檳榔、十塊寮、油車港等 5 個大字，以及香山庄之青草湖等 10 個大字，亦劃歸為新竹市〔註36〕。面積約 101 平方公里，據 1939 年統計人口數為 59,983 人〔註37〕，都會區居民以閩南籍為主，間或雜以客家籍居民。在祖母的妊產婦名簿中，可以看到產婦的住址幾乎遍佈整個新竹市，甚至還有頭前溪以北的「貓兒錠」〔註38〕、「沙崙」等地方〔註39〕。因為沒有登載，因此無從得知產家從事的行業，亦無法確認產婦屬於何種族群，一般

〔註34〕《竹塹文獻》第 19 期，頁 136。
〔註35〕清雍正十一年（1733 年）興建以刺竹圍繞的竹子城，至 1806 年新竹才有第一道土城牆，清道光九年（1829 年）興建石磚城，並開挖護城河。今天新竹市的東門城及護城河就是當年興建至今仍保留下來的遺跡。
〔註36〕《台灣地誌》中冊。
〔註37〕《台灣地名辭書》卷十八。
〔註38〕在今之新豐鄉。
〔註39〕詳表（五）。

客家籍婦女雖多以「妹」命名，但並不是絕對，而記錄中出現山下、綠川、石垣等姓氏或名字直接以日文片甲名登載的有 27 人次，可知請祖母接生的不限台灣籍產婦，亦有日籍產婦，只是比例不高，僅有 2%。

第二節　產婆的技術

　　日治時期產婆沿襲過去的模式，前往產婦家接生，她們攜帶什麼工具？與傳統先生媽有什麼不同？她們的技術有什麼特別的地方？產婆規則第十四條規定產婆被允許的業務範圍包括灌腸、剪斷臍帶和消毒三項。但是實際上產婆所施行的業務技術不只這三項，筆者在祖母的遺物中找到安藤畫一的《產婆學》上下兩冊，據說是她在蔡阿信的產婆學校時修習的教科書，她開業後仍不時翻閱，作為她的執業手冊。檢視祖母的接生記錄及教科書，在這一節希望描繪出日治時期產婆接生的過程。

　　當一個產婦感覺將要分娩了，她的家人會去請產婆來家裡，產婆會攜帶什麼工具前往？根據安藤畫一的《產婆學》所言產婆必須攜帶的物品如下〔註40〕：

　　1、診察用品──體溫計、聽診器〔註41〕、骨盤計及捲尺、體重計。〔註42〕

　　2、消毒用品──「イルリガートル」及嘴管、洗手刷、指甲剪及挫刀、肥皂、消毒劑（「リゾール」、酒精、沃度丁幾等）、液量器（稀釋消毒劑用）。

　　3、分娩輔助器具──灌腸器、導尿管、止血鉗 2 支及鑷子、臍帶剪刀及臍帶線、紗布、敷布、棉花、腳袋（讓產婦保暖）、橡皮手套、手術衣、防水布、桐油紙、錶。

　　4、護理新生兒之用品──氣管導管、溫度計（測水溫）、點眼用硝酸銀水、臍繃帶、滑石末。

　　紗布、敷布、臍繃帶、棉花應事先消毒好至於消毒罐中，金屬器械亦應連同方便攜帶之容器用煮沸器消毒妥當、其他用品、藥品按照順序排放於皮製的提包中，攜往產家。

〔註40〕安藤畫一《產婆學》上卷，頁 266。
〔註41〕木製胎心筒，詳附錄照片。
〔註42〕彈簧秤量嬰兒體重，詳附錄照片。

產婆要求產家要配合準備的物品有：

1、3 個產婆用的洗手鉢——一個盛溫水、一個盛酒精、一個盛リゾール〔註43〕。

2、新產兒沐浴用的浴盆及浴巾。

3、多量的熱水及冷水（消毒及新產兒沐浴用）。

4、嬰兒的衣服襁褓及嬰兒床。

筆者在翻找祖母遺物時找到一只祖母出外訪視產婦時的皮包。裡面有：體溫計、嬰兒體重計、注射器及針頭、棉花棒、針劑、切割針劑瓶子的石墨片、裝酒精、紅藥水、碘酒、硝酸銀水、硝酸銀棒、肚臍粉的瓶子、記錄紙等東西。這是訪視產褥期產婦的配備。這些東西再加聽診器、臍繃帶和一個消毒產包〔註44〕就可以接生了。

安藤認為嚴格的消毒是第一要務，因為分娩時陰部器官創傷是細菌易繁殖的部位，更可能引發產褥熱，因此若因為產婆的手、產婦的外陰部、器械、敷布的消毒不夠徹底而導致產婦產褥熱，是產婆的最大恥辱。〔註45〕產婆到達產婦家會先瞭解產婦的基本資料（姓名、地址、年齡、分娩胎數等），觀察產婦是否浮腫、發熱、或有其他疾病（瘧疾）然後對產婦進行檢查，檢查包括：聽診、觸診、陰道內診，判斷產婦已經進入第幾產程〔註46〕。

分娩過程可分為四階段：

1、開口期。從真陣痛開始起到子宮頸完全擴張（10 公分）與變薄（100%）止，這段產程經歷的時間最長〔註47〕，產婆在這段產程會為產婦做消毒、安排適合的產床、檢查產婦，包括是否破水？胎位是否正常？同時會聽胎心音是否正常。這段產程時間很長，產婦會食慾不振或無法睡覺，產婆會給予產婦葡萄酒或牛奶，以保持產婦體力，以便在下一產程需要用力時，產婦能有體力並且正確的使力。在子宮頸擴張的時候，伴隨著陣痛，產婆會給產婦（尤其是初產婦）安慰並且按摩腰部，以減輕產婦的不安及不適。

〔註43〕消毒水。

〔註44〕消毒產包中有止血鉗、臍帶線、斷臍剪刀、氣管導管等消毒好的器械，產婆事先將這些器材消毒好，方便接生時攜帶。

〔註45〕安藤畫一《產婆學》，頁 270。

〔註46〕安藤畫一將產程分為開口期、娩出期及後產期三期。

〔註47〕現代助產學：初產婦 6 至 18 小時，經產婦 2 至 10 小時。

2、娩出期。從子宮頸完全擴張變薄到胎兒娩出為止，初產婦平均 50 分鐘，經產婦平均為 20 分鐘。這段產程中，產婆需隨時注意產婦、胎兒有無突發異狀，如破水時注意羊水是否正常，以判斷胎兒的狀況，經由內診判定胎兒著冠的位置是否適合分娩？胎位是否正常，若為橫位應立即請醫師處理。子宮收縮引起的陣痛間隔為 2 至 3 分鐘，每次持續 40 至 60 秒，產婆應隨時注意陣痛的進程，聽胎心音及為產婦量體溫，避免胎兒窒息及產婦感染。在胎兒將娩出時，產婆要指導產婦善用每一次的陣痛，將胎兒推出。這一產程產婆最重要的任務是會陰保護，因為會陰部位近尿道、肛門，若會陰裂傷傷口很容易為產後的惡露及排泄物所污染，導致傷口感染，所以安藤畫一強調產婆保護產婦會陰的技巧。

3、後產期或胎盤期。從胎兒娩出到胎盤剝離娩出為止，這段產程時間很短，平均只有 5～10 分鐘，最多 30 分鐘，超過 30 分鐘就是胎盤娩出遲延，需要特別處置。在這段產程中，產婆主要為胎兒剪斷臍帶，以細麻線或絲線結紮臍帶，消毒臍帶斷口。清理胎兒口鼻胎脂，注意新產兒是否正常呼吸。若新產兒無法正常呼吸，即施予人工呼吸蘇生術，另一重點是胎盤剝離及娩出，當胎兒出生，子宮腔明顯變小，胎盤附著的部位也縮減，造成胎盤自子宮壁剝落，子宮必須持續有力的收縮，直到胎盤完全排出。產婆會按摩、揉壓產婦的腹部，促進子宮收縮娩出胎盤，產婆必須檢查胎盤是否完全排出，若胎盤無法順利排出，產婆便需要再次徹底消毒手部，進行胎盤剝離（クレ——デ氏胎盤壓出法）〔註48〕，若遇植入或嵌入式胎盤，必須立刻延請醫師處理。

4、分娩後之處置〔註49〕。胎盤排出後，產婆仍須留在產婦家觀察產婦恢復的狀況，現代助產學則將這一階段列為第四產程，或稱恢復期。這時產婦仍會有少量出血，產婆要注意子宮收縮情況，是否有大量出血或血塊排出。產婆將產婦的大腿內側、外陰部以棉花蘸清水擦拭乾淨，檢查會陰及陰入口部位是否裂傷，若是有第 2 度以上裂傷應請醫師縫合。這些處置完，為產婦外陰部墊敷布，以丁字帶、腹帶固定，讓產婦伸直雙腳，安靜臥床休息。產婆還必須留在產婦家至少 2 小時，注意產婦、新產兒的狀況。這段時間產婆會整理、消毒她使用的器械。

〔註48〕安藤畫一《產婆學》上卷，頁 291～293
〔註49〕安藤畫一《產婆學》上卷，頁 295～296

5、新產兒處置。第三產程胎兒娩出後，產婆若有助手即會立刻處理新產兒，若無助手，產婆會先將斷好臍之嬰兒以乾淨的布包裹保持溫暖置於一旁，先處理產婦。之後才來護理新產兒。首先產婆以橄欖油擦拭嬰兒身上的胎脂，然後為嬰兒洗澡、量體重，之後消毒臍帶斷端以消毒紗布包紮後再以臍繃帶固定，為嬰兒穿上衣服、墊好尿布再以褓裹包妥嬰兒。最後為嬰兒眼睛點硝酸銀水，預防嬰兒眼睛感染。

6、接著產後 10 天到一個月，產婆還必須前往產婦家訪視，看產褥期是否正常，指導嬰兒照護，由於嬰兒臍帶尚未脫落，唯恐發生發炎感染，所以產婆會為新生兒洗澡、消毒、護理臍帶，至少到臍帶脫落。又因為台灣婦女坐月子期間習慣不碰水，所以為嬰兒洗澡的工作會持續到滿月。

以上是所謂「正規分娩」的部分，在 1118 個案例中佔 773 例，將近 70% 的接生案例是屬於這類，產婦正常的陣痛、破水，胎兒以頭位正常分娩、胎盤也順利排出，產婦產後情況良好。另外三成是分娩過程中發生分娩不順利的狀況。從這裡可以看出產婆技術，筆者以「胎位不正」、「人工破水」、「保護會陰」、「人工呼吸」及「胎盤延遲娩出」為討論的項目。

一、胎位不正

胎兒在母體子宮內姿勢、位置並不是固定的，隨著分娩期的接近，越來越確定，產婆藉由觸診，可以判斷出胎位，超過 96% 的胎兒是以頭部為先露部位〔註 50〕（頭位），由於胎兒身體最大的部位是頭，只要胎頭出生，身體其他部位就很容易通過，俗語說：「頭過身就過」就是借用這個現象來描述事情最困難的部分已經解決，其他的部分將會容易很多。這是大自然巧妙的安排，分娩時，胎頭的形狀會改變，胎頭變形使得胎頭可調整以符合母體骨盆的大小與形狀。胎頭是平滑、圓且硬的，胎頭先進入骨盆、產道，可有效擴張子宮頸。頭位更精細的可分為以下 4 種：

（1）顱頂式；這是最常見的，胎頭完全屈曲，也稱枕位或後頭位，因其可用最小的前後徑（枕下前囟徑）通過產道，這是對產程最有利的先露部位。

（2）前頂式；胎頭不屈曲亦不伸展，胎頭以枕額徑通過產道。

〔註 50〕最早進入骨盆的胎兒部位是先露部位。

（3）額產式；胎頭有些伸展，胎頭以最長的前後徑通過產道，額產式不太穩定，有可能會屈曲成顱頂式或伸展為面產式。

（4）面產式：胎頭完全伸展，胎頭以頦下前囟徑通過產道。又稱為顏面位。

若是胎兒的骨盆端先進入骨盆，稱臀位或足位，臀位最常發生於早產或胎兒異常，如水腦兒，因變大的胎頭無法進入骨盆，也有可能是因母體子宮或骨盆異常所致。因為臀部不如頭平滑且硬，無法有效擴張子宮頸，而胎頭以這種姿勢無法變形，胎頭娩出較困難，而且因為胎頭是最後出生，臍帶會被擠壓在胎頭骨盆間。另外還有橫位，約只有 0.2%的機率，常見於早產、多胞胎、早期破水、羊水過多與前置胎盤的狀況。

所謂「胎位不正」是指胎兒以臀部先進入骨盆（臀位、足位）或肩膀先進入骨盆（橫位）的狀況，而胎頭完全伸展的顏面位雖為頭產式也被列入胎位不正。在前述的接生記錄中也找到臀位、足位、顏面位、橫位和臍繞頸等胎位不正的案例。產婆是如何處理這種案例呢？

1、顏面位

記錄中找到 4 處記載顏面位，除分娩過程遲延外，並無危險記錄。因為顏面位出生之嬰兒，臉部瘀血很容易辨認，所以會記載。

2、臍繞頸

記錄中只有 3 例是臍繞頸，其中 2 例記錄「分娩遲延」，只有一例胎兒窒息，產婆以人工呼吸蘇生術二度搶救。三例嬰兒均存活。

3、臀　位

記錄中找到 5 例的臀位分娩，其中兩例是雙胞胎，這兩例雙胞胎都是第一個嬰兒是頭位分娩、第二個嬰兒是臀位，兩例胎兒均安全生出，甚至一例是已經嬰兒生出來，才請產婆到家中的。另外 3 例情況比較不好，兩例是早期破水，一例是羊水過多，其中一例分娩困難，導致胎兒窒息。但經人工呼吸蘇生術搶救後 5 例均存活。

4、足　位

記錄中足位分娩共找到 8 例，僅有一例是順利分娩的，一例是雙胞胎中的第二兒，這個案例的第一兒是畸形，第二兒發育不良。有 4 例是分娩遲延導致胎兒窒息，分娩後以人工呼吸術蘇生，其中一例因為是七個月早產，所

以新生兒在分娩三天後死亡；一例造成母體會陰輕度裂傷。另外兩例是死產胎兒。足位分娩困難度比較大，需要比較多技術，以迴轉術或用手牽出術將胎兒上肢及頭部牽出〔註51〕。

5、橫　位

記錄中記載橫位的有 3 例但有 2 例記載胎兒上肢脫出，因此也算做橫位。共計 5 例橫位分娩：其中一例是雙胞胎，第一兒是頭位，第二兒為橫位，這 5 例都倚賴醫師施以內迴轉術，或以頭位、或以足位娩出，僅 2 例存活，3 例胎兒死亡。醫學統計橫位的比例甚低僅 0.2%，但這是產婆無法處理的狀況，必須請醫師處理。產婆在初診時發現胎兒上肢脫出或內診、觸診判斷為橫位，便會尋求醫師的支援，盡力搶救。

二、人工破水

在第一產程末期，有些產婦子宮頸擴張到 8 公分、9 公分時出現陣痛微弱，進展趨緩，陣痛間隔拉大的情形，這時若產程已經拉得太長，而胎心音又出現變化，產婆會用鉗子執行人工破水，促進子宮收縮，使子宮頸完成擴張變薄，以利產程的進行。還有子宮頸已經開全，但是因為羊膜強韌，胎頭無法著冠，產婆會施行人工破水，讓胎兒順利娩出。另外胎兒臍帶脫出，唯恐因臍帶擠壓而導致胎兒缺氧窒息，或是已判定是死產胎兒，也會進行人工破水，促進產婦將胎兒娩出。人工破水這項技術在產婆規則中並未規定，但在實際執業時，產婆被允許實施這項手術，而且在產婆試驗中，也將這項技術列為考察項目。筆者在記錄中找到 41 例的人工破水記錄。上述各種原因都曾被記載。

三、保護會陰

當胎兒頭下降到產道，產道、會陰會逐漸擴張，使胎兒能順利通過，但是產婦本身的體質使產道會陰無法承受張力，或是胎兒娩出速度太急，或胎頭太大、或產婦用力不當等狀況會造成會陰的裂傷。會陰裂傷會造成疼痛、也有可能造成感染、情況嚴重會陰撕裂傷，甚至裂至肛門口括約肌，造成產

〔註51〕安藤畫一《產婆學》卷下，頁 270 認為產婆在緊急時可施行 1 迴轉術（包括外迴轉術及內迴轉術）2 用手牽出術（足位、臀位分娩上肢、頭部的分娩）3 クレーデ氏胎盤壓出法。

婦以後無法控制排便，也有可能導致子宮脫垂，因此保護會陰是產婆在娩出期的「最重要任務」〔註 52〕。所以產婆會以按摩會陰的方式使陰道的延展度增加，使胎兒通過時產道已經充分擴張。胎兒著冠後產婆會視胎頭先露的部位調整胎頭，讓胎頭儘量以最小的頭徑娩出，當胎頭要娩出時，產婆會指導產婦適當用力，同時用手圈住胎頭護住會陰，減緩胎頭娩出的速度，讓胎頭慢慢的順勢娩出，而不是一下子蹦出來，盡量保護陰道、會陰不裂傷。在祖母的接生記錄 1118 人次中，只有 3 次會陰裂傷的紀錄，三人都是初產，兩人25 歲，一人 23 歲，三位的產程都是分娩遲延，其中一位是足位，只有一位有紀錄嬰兒體重 700 匁（2625 公克）。但是在其他的有紀錄嬰兒體重的案例中，最重的嬰兒達 4500 公克，亦未見會陰裂傷的紀錄。

推斷會陰裂傷少的原因除了產婆保護得當之外，產婦本身體質也可能是原因。過去婦女在日常生活中有非常多的蹲踞機會，煮飯、洗衣多採蹲踞的姿勢，加上交通以步行為主，對於下半身的鍛鍊比現代婦女多，可能是造就當時婦女的肌肉更加強韌的原因。另一可能是分娩時陰道口雖有輕微裂傷，但因為產婦坐月子不下床得以充分休息，傷口會自然癒合，無需處理所以沒有記載〔註 53〕。

四、人工呼吸蘇生術

胎兒在母體中並不是用肺呼吸，而是靠臍帶輸送母體血液內的氧氣給胎兒，陰道分娩時，胎兒通過狹窄的產道，胸廓受擠壓，少量的肺液由肺部驅至上呼吸道，胎頭娩出時，這些肺液由口、鼻或靠產婆抽吸排出，當身軀娩出，胸部的壓力解除，胸部回彈形成負壓，讓空氣進入肺部，肺泡張開，同時，外在環境的聲、光、乾、冷與溫暖充滿羊水的子宮完全不同，產婆的抱、擦拭身軀和包裹更進一步刺激嬰兒皮膚的末稍神經，讓嬰兒自行呼吸。但是在分娩過程中可能因為前置胎盤、臍帶纏繞、臍帶壓迫、羊水過少等原因，造成胎兒缺氧窒息，若嬰兒出現窒息的現象，產婆就要進行人工呼吸蘇生術來搶救嬰兒，窒息的嬰兒皮膚或呈紫藍色或呈蒼白，正常嬰兒則膚色紅潤。這裡所說的人工呼吸並不是口對口人工呼吸。產婆會將橡皮管插入嬰兒的口鼻，清除其中的黏液讓呼吸道暢通。或是將嬰兒雙腳提起倒懸，讓嬰兒喉嚨

〔註52〕安藤畫一《產婆學》，頁 277
〔註53〕這是台北護理學院護理助產所教授郭素珍的推論。

深處的液體流出。或是施以皮膚刺激法，以輕輕拍打嬰兒臀部或是以布片摩擦嬰兒的方式刺激嬰兒。也有以溫度刺激，將嬰兒交替放入冷水與溫水中，藉不同的溫度刺激嬰兒。蘇生術還有屈伸法、振搖法和酸素吸入法等，產婆視嬰兒情況施行，直到嬰兒可以自行呼吸，皮膚轉成紅潤爲止。在祖母的接生記錄中，筆者找到施行人工呼吸蘇生術記錄的案例 18 例，但是均未記載是以何種方式。

五、胎盤延遲娩出

當嬰兒娩出後，即進入第三產程胎盤期，在正常情況此時期很短，最多不超過 30 分鐘，平均是 5 至 10 分鐘，初產婦與經產婦並無不同。當胎兒娩出，子宮腔明顯變小，胎盤附著的部位也縮減，造成胎盤自子宮壁剝落，子宮必須持續有力的收縮，直到胎盤完全排出，若是子宮收縮無力或胎盤剝離不完整，甚或是發生胎盤植入、嵌入子宮的狀況，妨礙子宮收縮，會造成出血，若無法控制會造成產婦失血過多甚至致命。這是生產過程中的另一危機，因此產婆在胎盤娩出後必須檢查胎盤是否完整，如果胎盤延緩娩出，必須立即做處理。筆者祖母的接生記錄中共有胎盤延遲娩出的案例 30 例。記錄中分成 3 類，一是「胎盤娩出遲延」並記載胎盤娩出時間如「一小時」、「一時半」等；一是「胎盤娩出遲延，以手剝離」。一是「胎盤娩出遲延，クレーデ氏胎盤壓出法娩出」這三種是產婆自己處理的情況，另外還有記錄是：「胎盤癒著，依賴醫師剝離」則是產婆無法處理必須延請醫師來解決問題的狀況。

由以上的分析可知，日治時期產婆接生的技術相當廣泛且深入，雖然業務被侷限在正常產，但是實際上稍微有些困難的情況如胎位不正、胎兒窒息、胎盤延遲排出等，產婆也必須處理，所以有時也可在紀錄中看到使用產鉗或施打促進劑的案例，婦產科醫師人數太少（女性婦產科醫師尤其少），產婆要服務的區域相當廣，在不得已的情形下，產婆必須儘量的保護產婦、胎兒的平安，危急才會請醫師來協助（有的產婦寧願死也不要讓男醫師診治），當醫師來時，產婆還要當產婦與醫師之間的橋樑，急救時則是醫師的助手。相對於這些領有執照的合格產婆，限地產婆則因爲是當局爲了符合法令，不得不因陋就簡，讓先生媽就地合法而取得執業許可，其知識技術很難有顯著改善。

第三節 討 論

日治時期，為台灣婦女接生的主流其實是先生媽，日人佐倉孫三《台風雜記》〔註54〕產婆條有如下記載：

> 台地亦有產婆，家有妊婦則聘之，婆隔日來而診之，及分娩，洗兒護母，懇篤盡仁術。其謝金大抵一至五、六圓，雖富豪者不過二十餘金。貧家不能聘婆者，近鄰老婦有經歷者而舉之，婆一名曰「先生媽」，年齒大抵三十歲以上，妙齡者殆希。昔時日東產婆，年齒不超四十歲，則不得信，是以無妙齡產婆。今也，泰西產婆術大開，立學校、養生徒，不得卒業證書者不許之；是以妙齡產婆續續輩出，「婆」之一字殆不相適合。然其術之精巧，超絕於古之老產婆者，往往有焉。可謂文明之餘澤矣。

> 評曰：日人度台以來，提家眷者頻頻相踵，其感缺乏者，學制之未成立也、家屋之未落成也，而如產婆亦其一。今聞台地產婆之風，其宜降心而舉多兒也。呵呵。

以上是從一個日本人的觀察看新式產婆與傳統先生媽的差別，他對先生媽並無惡評，只是更推崇新式產婆技術精巧，超絕於先生媽。筆者擬於本節就上述之接生記錄的資料探討先生媽、產婆與婦產科醫師在接生技術上的異同。

產婆與先生媽相同的是：

一、她們都是女性。（醫師則大多是男性。）

二、她們接生時都會做斷臍及幫新生兒洗澡。（醫師以處理難產接生為主）

不同的是：

一、產婆具有無菌知識，因此消毒是產婆接生工作的重要項目。舉凡內診、斷臍、胎盤剝離在在強調消毒。

二、遇到難產，先生媽求助於道士師公〔註55〕、產婆求助於醫師。

三、先生媽憑著經驗和民間傳統中醫的知識接生，產婆則有現代醫療知識、醫師、和政府的法令、制度作後盾。

以下針對「胎位不正」、「會陰保護」、「胎盤遲延娩出」及「照護產婦」四項來看先生媽、產婆及醫師處理的異同。

〔註54〕台灣文獻叢刊第 107 種，台灣銀行經濟研究室編印，頁 28。

〔註55〕鈴木清一郎著《台灣舊慣冠昏葬祭年中行事》，高賢志編馮作民譯《台灣舊慣習俗信仰》，頁 104。

一、胎位不正

左傳隱公元年記載：

> 初，鄭武公取于申，曰武姜。生莊公及共叔段。莊公寤生，驚姜氏，
>
> 故名曰寤生，遂惡之，愛共叔段，欲立之。……

這段文章的意思是：當初，鄭武公從申國取來一位夫人叫做武姜。生了莊公與共叔段。莊公出生得時候，腳先頭後，驚嚇了母親，取名寤生，從此便討厭他，而偏愛共叔段，想立共叔段為太子。可見胎位不正的情況很早就被重視與紀錄了。在台灣民間習俗中〔註56〕稱足位為「倒蹈蓮花」或「倒頭生」，臀位稱為「坐斗」，橫位稱為「坦敧」「坦橫生」。還有「掛數珠」的說法，就是臍帶繞頸，以致生產困難，而顏面位稱做「坦覆生」，因為臉部遭到擠壓會瘀血、呈現異樣的容貌，被認為是鬼神作祟會招致不祥，和死產的嬰兒一樣必須被丟到水中。〔註57〕

對產婆而言，除了橫位無法接生外，其他的胎位不正只要有耐心並且確實注意胎兒狀況，慢慢調整胎兒娩出的角度，都可以生出來。日治時期的醫師處理橫位時，以內迴轉術將胎兒調為頭位或臀位娩出，若無法調整，而判定胎兒已經死亡時，會以器械將胎兒引產出來，除非產婦已經大出血情況危急，很少採取剖腹產。現在婦產科則將胎位不正列為剖腹產的適應症〔註58〕，目前大多數婦產科醫師認為剖腹產技術的進步，使開刀風險低於胎位不正分娩的風險，在判定胎兒不是頭位分娩時即建議產婦採剖腹生產方式分娩。

二、保護會陰

當先生媽遇到胎位不正或分娩困難時，會讓產婦坐在腰桶上促進產程進展，或是請道士師公來為產婦作法、祈禱，若是這兩種方法都不奏效，先生媽就會替產婦執行會陰切開，擴大產道，先生媽沒有無菌消毒的觀念，她們切開會陰的工具可能是未經消毒的剪刀，可能直接就用指甲。〔註59〕產婆則

〔註56〕林川夫主編《台灣民俗》第一輯，頁147。
〔註57〕林川夫主編《台灣民俗》第一輯，頁147。
〔註58〕http://content.edu.tw/vocation/child_care/ks_sd/newmother/dir1461.htm，剖腹產的適應症。
〔註59〕洪有錫、陳麗新 2002《先生媽、產婆、與婦產科醫師》，頁10。

視保護會陰完整為最重要任務，在娩出期盡量避免會陰裂傷，安藤畫一的《產婆學》中有專節討論如何保護會陰。可見日治時期，婦產科醫師也主張應盡量保護會陰完整，以避免感染。

反觀今日台灣，據統計現在台灣產婦做會陰切開的高達98%〔註60〕，會陰切開已經成為台灣產婦在採陰道分娩時必經的步驟，婦產科醫師的理由是：

> 會陰是指陰道與肛門之間的軟組織。當會陰部受胎頭擠壓膨出，且胎頭先露部分約直徑四公分時，為會陰切開的最佳時機。切開的方式有正中切開與中外側切開二種，前者方法簡單，修補也簡單，出血量小，恢復快，但開口較後者小，會陰過短者可能會裂入直腸；後者開口較大，且不易傷及肛門及直腸，但出血較多，較疼痛、疤痕明顯，恢復較慢。國內胎兒頭圍多在三十三至三十五公分之間，為避免會陰不規則裂傷與逢合的美觀與便利，醫師多半會採會陰切開術〔註61〕。

今天這種說法和作法已經引起質疑和反駁。會陰切開是否為陰道分娩的必經步驟？端視接生者的心態，產婆視保護會陰為重要任務，因此不能也不會進行會陰切開術。而今天台灣大多數的婦產科醫師則認為會陰反正會裂，與其讓會陰裂得不規則不如事先剪開，會陰切開術是唯一不需要病人或家屬簽署「手術同意書」就可以執行的外科的手術。整齊的傷口至少縫合的時候方面又美觀。這樣的心態讓比例非常大的台灣自然產婦女接受了不必要的會陰切開術，在會陰多挨一剪〔註62〕。

三、胎盤延遲娩出

一般自然產，在胎兒生出後30分鐘內胎盤就會排出，超過這時間就是胎

〔註60〕 《康健雜誌》第52期 司芳晏「台灣女人，你為什麼不生氣」。

〔註61〕 http://content.edu.tw/vocation/child_care/ks_sd/newmother/dir1453.htm。

〔註62〕 在2000年，台灣有30萬名新生兒，剖腹產率約35%，相當10萬5千個是剖腹產，自然產就有19萬5千個。會陰切開率約98%，相當有19萬1千1百個自然產婦接受會陰切開術，有科學證據的醫學則支持會陰切開率應在20%，算出3萬9千個自然產孕婦是必要的會陰切開。所以，台灣實際接受會陰切開的自然產孕婦數（19萬1千1百）——必要的會陰切開孕婦數（3萬9千）＝15萬2千1百個自然產孕婦接受了不必要的會陰切開術，在會陰多挨一剪，白疼了。

盤延遲娩出或稱胎衣不下。台灣民間習俗稱這種狀況為「活威〔註63〕」，在台灣舊慣習俗信仰〔註64〕中記載：在生產時，如果胎衣遲遲不出來，家人就趕緊手提槌子跑到屋外，用槌子打大地就會出來。假如這樣還不出來就要對「天公」祈禱，萬一再不靈驗，就要請道士來家「催生」〔註65〕。這裡都沒有提到先生媽，可能認為這個情形是先生媽無法處理，而只能求助鬼神。另外有中醫相信在分娩前以醋煮豬肝給產婦吃，可以避免「活威」〔註66〕。還有一偏方是：胎盤遲不排出時，以粗鹽搓臍帶，可以有效的讓胎盤排出〔註67〕。這些「民俗療法」有多少成效？無法驗證。如前一節所述遇到胎盤遲延娩出產婆會自行施胎盤剝離術，或請醫師協助剝離胎盤。

四、產婦照護

產婦在開口期，先生媽為求使產婦順利生產，有時會給產婦催產符咒，有的給產婦掛產房，有的讓產婦配戴在身上，有的則燒成灰讓產婦服下，當胎頭已經露出，先生媽會讓產婦含人參片，讓產婦比較有力氣，將嬰兒推出產道〔註68〕。產婆則是給開口期的產婦葡萄酒或牛奶，讓產婦有力氣面對娩出期。在待產的這段期間，先生媽和產婆都會陪在產婦身邊，為產婦「援腹肚」〔註69〕或按摩腰背，減緩產痛的不適。醫師通常不會陪伴待產的產婦，只有在胎兒要出生了，醫師才會來。現在台灣的產婦卻被迫空腹生孩子，因為產婦隨時可能被判定要進行剖腹產，開刀麻醉必須空腹，所以產婦在待產時甚至連水都不能喝，產婦一進醫院就被安上胎兒監視器，打上葡萄糖點滴，等待子宮頸開全，護士每隔30分鐘或一小時會來檢視胎兒監測器的數據是否

〔註63〕　福佬話稱胎盤為「威」讀做「wiu」，歌仔冊花胎病子歌中有：「囝仔出世威隨落」及「生子了後者落威」句。

〔註64〕　鈴木清一郎原著《台灣舊慣》冠婚葬祭と年中行事，馮作民譯　高賢治編　眾文圖書公司，頁97。

〔註65〕　《台灣舊慣習俗》信仰第二編出生與冠婚喪祭等風俗，頁109。

〔註66〕　傳統民間相傳遲延排出的胎盤是「活」的，會在產婦肚子中跑，所以稱為「活威」。

〔註67〕　這是我訪問一位老太太告訴我的偏方。她不是先生媽，但是曾經幫人接生。

〔註68〕　讓子宮頸開全的產婦含人參片增強體力的作法，許多產婆、助產士也會使用。筆者訪問到的助產士都表示：他們都會提醒產婦一定要等開全才能含人參片，否則陣痛會減緩。

〔註69〕　歌仔冊病子花胎歌有「產婆共咱援腹肚」句，即揉肚子。

正常，整個待產過程是相當痛苦難熬的，相形之下，有先生媽或是產婆細心陪伴的待產過程似乎幸福的多。

　　儘管政府的強制措施、媒體的大力鼓吹〔註70〕，可是民眾根深蒂固的行為模式仍無法完全改變，至 1940 年，全台先生媽的接生率仍高達 61.5%。尤其是新竹州，因為公設產婆設置比率偏低，直到 1939 年產婆接生率才首次突破 20%，這之前，新竹州尚有 80%的產婦生產找先生媽接生。主要原因除了經濟考量與一般民眾缺乏衛生知識之外，自然產比率高也是一大原因。生孩子不是生病，產婦因生產死亡的風險不大〔註71〕，從上述的接生記錄看，正規分娩的比率高達 69%，可見「生贏雞酒香，生輸四塊板」的諺語只是誇張的形容分娩過程的痛苦。但是現代醫療技術就是要努力將風險降至更低，當局者真正的目標是要降低嬰兒的死亡率，希望藉由消毒技術的引進，使嬰兒死亡率降低。范燕秋引李騰嶽 1938 年的統計報告指出，台灣人因懷孕、生產導致的疾病死亡率是日本本國人得 1.9 倍，而破傷風死亡率日本本國人人口萬分比是 0.5 人弱，而台人是 11 人以上，台人約是日人的 28 倍，其原因固然是由於台灣人的衛生觀念較日人低，但是台灣的醫師及產婆人數少也有重大影響。他認為：台人嬰幼兒死亡率無法改善的重要原因是台灣醫療設施不夠普及，以及公設產婆未能普及有關〔註72〕。日治時期台灣的產婆雖然未成為接生主流，但是對提升台灣接生技術仍有相當貢獻。綜觀日治末期，產婆在政府大力扶植下，已經具有相當進步的接生技術。在行政管理上，當局以衛生警察管理產婆，並在各地推動衛生宣導，對先生媽施以短期講習，將其納入基層衛生網絡，透過確實查察接生記錄簿，又要求人民報戶口需出具產婆開立的出生證明〔註73〕，甚至在戰時規定人民需憑產婆開出的分娩證明始能購買配給的食品，使當局能更確切掌握人口增加的情況，產婆在其中則扮演重要的角色。

　　1940 年全台產婆接生比率達到 36.0%，醫師接生比率為 2.0%，而限地產婆接生率為 7.5%，陳麗新、洪有錫據此推斷傳統先生媽仍較受婦女歡迎。因為至 1940 年先生媽接生的比率仍高達 65%〔註74〕。筆者認為比率沒有這

〔註70〕台南新報、台灣日日新報漢文版時有記載。
〔註71〕產婦因生產死亡從未列為十大死因。
〔註72〕范燕秋《日本帝國發展下殖民地台灣的人種衛生》，2001，頁 251～252。
〔註73〕如無產婆的出生證明，必須有村里長出具的證明才可以報戶口。
〔註74〕陳麗新、洪有錫 2002《先生媽、產婆與婦產科醫師》，頁 122。

麼高，因為婦女除了找先生媽、產婆、醫師接生外應有自行在家生產、自己「轉臍」或由家中年長婦女協助接生的，可見至日治末期台灣婦女對待生產這件事的方式是很多元的，產婦自己、親族鄰里中的婦女、先生媽、產婆、醫師……都可能是接生者，比起現代，超過 99% 的婦女由醫師接生，其間差別豈可以道里計？

第三章　助產所的誕生及其過渡的歷史意義

　　一個中年男人，拿著一張結婚照走進助產所要找我祖母，我告訴他祖母已經過世快 20 年了，他又要找我祖父，我告訴他祖父也過世 3 年了，這個中年男人竟然當場哭起來，直說：「怎麼辦啊？」。男人指著手中的照片，告訴我照片中的新郎是他將結婚的兒子，他是來邀請我祖父、祖母去參加婚禮的。（我心想這也不用哭啊！）男人接著說，如果請不到我祖父、祖母，他兒子的婚宴酒席不能放鞭炮開席。原來 27 年前，他這個兒子早產，生下來非常小，他覺得養不活想要放棄，我祖母勸他：「這是你第一個兒子，以後還會不會生兒子不知道，還是盡力救他吧！」男人擔心小嬰兒住醫院的高昂費用，我祖父就叫他把嬰兒留在助產所，反正助產所有保溫箱，還有奶粉商提供免費的奶粉樣品，如果嬰兒有狀況，要找醫師也比較方便。就這樣細心照顧了三個月，當健康的小嬰兒要回家的時候，男人感激的許下承諾，如果這個嬰兒將來能長大、成家，結婚時一定要請我祖父、祖母去坐大位，因為他們是小孩的救命恩人。推算時間那小嬰兒是 1958 出生的，當時我祖母已開設助產所，而我母親尚未嫁進來，從沒聽過祖父母提起這件事，翻找紀錄簿確有其人，可是當時的紀錄非常簡略，當然沒有記載這男人的承諾，我們只能相信這個男人的說法，由我父親代表祖父母去坐婚宴的大位，讓開始喜宴的鞭炮可以點燃。

　　這是我親身經歷發生在我家助產所裡的小故事，從中觀察到：產婦不是在自家也不是在醫院，而是在助產所生小孩，保溫箱已是助產所裡的設備，醫師常進出助產所，配方奶粉商已經進入助產所，以樣品奶粉作爲推銷產品

的手段。「助產所」這個現在幾乎已消失的生產空間，它的眞實面貌是什麼？在其中工作的人──助產士，與到產婦家接生的產婆有什麼不同？是我在這一章中希望探討的重點。

　　既是護士又是助產士的教育制度。不是家裡也不是醫院的生產空間

　　二次大戰期間，台灣產婆仍然執業，因產婆屬於醫務人員，雖然新竹地區被轟炸嚴重，直到昭和廿（1945）年才被疏開，產婆在疏開地政府仍然按照規定管理產婆執業，包括定期檢查產婆接生記錄簿。戰後國民政府接收台灣，產婆的稱呼改爲助產士。國民政府在 1943 年已頒訂「助產士法」，此即1945 年後政府管理台灣助產士的法律依據，「助產士法」共分六章 32 條，規定助產士的資格、開業、義務、懲處、公會等，此外 1945 年又頒佈「助產士法施行細則」規範助產士執業時應辦理的行政事項。因應時代、民情的變遷「助產士法」歷經數次修訂﹝註1﹞，法令修改對助產士的業務範圍──接生並無多大的更動，助產士與產婆都被限定接「自然產」，不能執行醫師的業務。筆者認爲戰後台灣助產士與日治時期產婆最大的不同有二：

　　其一是助產士的養成教育，限地產婆制度取消，學徒式的私人產婆講習所亦不復存在，助產教育納入學校體系，護理與助產合訓制度開始施行。

　　其二是助產士的執業場所改變，日治時期及以前，女人絕大多數在家中分娩，產婆前往產婦家接生，戰後出現「助產所」，產婦前往助產所由助產士在那裡接生。

　　本章筆者擬就這兩點做探討。

第一節　戰後台灣助產士的養成教育──助產、護理合訓制度

　　如前一章所述，日治時期台灣產婆的養成教育，公立的產婆講習所最早的是台北醫院附設看護婦助產婦講習所，之後於 1923 年、1929 年分別在台南

﹝註 1﹞ 1948 年修正第 18，19 條，
　　　　1985 年修正全文 46 條，
　　　　1992 年修正第 6，27 至 29，36 條，
　　　　2000 年修正第 3，6，15，41 條，
　　　　2002 年修正第 10，28，32 條，增訂第 13 之 1，39 之 1，44 之 1 條，
　　　　2003 年 6 月修法通過「助產士法」修正爲「助產人員法」。

醫院、台中醫院設立看護婦助產婦講習所，培養台籍護士及產婆。公立產婆講習所修業完成即可取得產婆執照。杜聰明於他所負責的更生院中亦開設產婆講習所〔註2〕，1927年起，張文泮醫師率先於台北成立私立的產婆學校，其後高敬遠、蔡阿信、謝銹治、楊金虎等人分別於台北、台中、台南、高雄開設私立產婆學校，在這些個人開設的產婆學校修業完成者，不能直接開業，需參加總督府舉辦的考試，通過之後才可以獲得開業執照〔註3〕。產婆學校大多集中於大都市，並未在全台普設，因此有婦女並未進入公、私立產婆學校，她們透過自修方式獲取助產知識，參加總督府的產婆考試合格後，需前往指定的醫院實習，有實際接生的能力後才可以獲准執業〔註4〕。另外爲了合乎法令需求，日本政府對傳統先生媽進行一至數日短期訓練，讓已經在爲人接生的傳統先生媽就地合法爲「限地產婆」。1924年台灣首次舉行產婆試驗，當年末全台共有執業產婆932人。至1940年產婆人數增至2045人，其中308人爲限地產婆，每一萬人有3.4位產婆〔註5〕。

　　1945年日本戰敗，國民政府接收台灣，產婆改稱助產士，以1943年在南京頒佈的「助產士法」管理台灣助產士。

　　中國在20年代，並沒有專業人士對產婆進行專業培訓。1928年楊崇瑞〔註6〕爲改善婦女生育狀況而倡導開展助產教育。她先從培訓舊式接生婆做起，楊崇瑞開辦了第一個產婆培訓班，首批招收了30名平均年齡54歲的接生婆，教給她們消毒和臍帶處理的科學方法。這是中國第一批受西方醫學訓練的助產士。這一年，楊崇瑞還在中華醫學會年會上宣讀了提倡助產教育的論文，發起創辦助產學校。當時正值南京政府衛生部成立，部長薛篤弼和教育部官員王世傑對此事都很熱心。在北平方面，社會知名人士李德全和楊崇

〔註2〕　《杜聰明回憶錄》，精華印書館1973年，頁80～81。
〔註3〕　楊雅慧《阮的心內話》，邱英桃助產士訪談部分，（板橋：台北縣立文化中心，1996年），頁201～202。陳麗新、洪有錫《先生媽、產婆與婦產科醫師》2002，頁42引台灣警察時報　第50號1932年6月9日。
〔註4〕　筆者訪談到兩位靠自修通過產婆試驗的例子，一位在宜蘭、一位在花蓮。
〔註5〕　《台灣省通志稿政事志衛生篇》，1950，頁7452～7454。
〔註6〕　楊崇瑞：中國第一個女醫學博士。1917年協和女醫學院畢業。後又赴美國霍普金斯大學深造。20年代，先後在協和醫學院擔任婦產科專任醫師和公共衛生科講師。
　　　　資料來源：中國CCTV網站20世紀中國女性發展史　2001年三八婦女節網上特輯　生育革命。網址：http://202.108.249.200/life/38/20fzs05.html。

瑞等五人迅速組成了產科教育籌備委員會。1929 年 1 月，國民政府衛生部和教育部正式批准成立國立第一助產學校〔註 7〕。然而在此同時政府對於助產士並沒有正式的管理法令，助產士的資格、執業範圍等都沒有任何明文規範，直到 1943 年 9 月 30 日國民政府於南京頒訂「助產士法」，1945 年 7 月 21 日社會部會同衛生署公布「助產士法施行細則」，中國政府對助產士的管理才有法源，1945 年日本戰敗，國府接收台灣後即以此為依據管理台灣助產士。1942 年全台執業助產士共計 2159 人〔註 8〕。

相較於日本政府早在 1874 年頒佈的「醫制」中對產婆即已有相關規定，而台灣做為殖民地亦於 1902 年便有「無執照產婆取締規則」的實施，同年台北醫院開辦產婆養成課程在台灣培養產婆。其後各種產婆相關的法規陸續頒訂、實施，台灣產婆制度與養成教育比起中國是相對早而完備的。但是日治時期產婆的養成教育大多為醫院或醫師學徒式訓練，每年養成的產婆人數不多，加上限地產婆制度，受西方醫學訓練的產婆數目仍然不多。

1947 年台灣省立台北高級醫事職業學校〔註 9〕成立，為三年制助產科，招收初中畢業之學生，助產教育則從日治時期的醫院學徒式訓練納入正規專業教育機構內培育，助產教育由教育部為主管機關。從 1947 年至 1981 年台灣進行助產士養成育的學校可分為以下四類：

1、訓練班：一年制助產特訓科。

2、高職：三年制助產科、四年制產護合訓科。

3、專科（國/初中畢業投考）：五年制產護合訓科。

4、專科（高中畢業投考）：二年制夜間部助產科。

1984 年衛生署長許子秋在推動助產士法修法時，於立法院報告：

> 目前（1984）台灣地區培育助產士的學校有十六所，每年畢業約二千五百名有助產資格人員，於衛生署領證人員至七十一（1982）年止共有二萬二千五百多名。……自民國三十九年起助產士的訓練以納入正規的教育系統，提升其教育程度與內容之學習課程，除了各科護理學外有解剖學、生理學、藥物藥理學、心理學等。她們的醫

〔註 7〕 同上。

〔註 8〕 《台灣省通志稿政事志衛生篇》，1950，頁 7454～7455。

〔註 9〕 1953 年改名為省立台北高級護理助產職業學校，即今之國立台北護理學院的前身。

藥知識與護理助產技術皆較前豐富，故其可服務的範圍與項目亦增廣。以民國三十七年修正現行助產士法已不符現階段助產士可執行的業務範圍。又在基層保健缺乏人力推廣之際，助產士正可發揮其功能。為使助產士亦能參與保健業務，維護國民健康，並避免其執行業務時，有犯密醫行為，嚴格管理助產士從事助產及婦幼保健業務並制裁非助產士從事助產業務。〔註10〕

戰後國民政府在台灣培訓助產士，雖然有一到五年各種不同的制度，但是至少要有初/國中畢業的程度（就學 9 年），才可以報考，比起日治時期，公學校畢業（3～6 年）即可報考產婆講習班，甚至僅經過一至數日的講習就可取得限地產婆資格的情形〔註11〕，國民政府將助產士教育程度提升到高職、五專，並將助產教育課程內容擴大，對於助產士素質的提升當然是值得肯定的。自1950 年到 1988 年，台灣的護理助產學校培養出 47,785 名畢業生，相形之下日本殖民政府對培養的台灣產婆無論在「質」或「量」都遠遜國民政府培養的助產士。

　　日治時期，因為合格產婆人數不足，所以婦女求助先生媽或自行接生，殖民政府只好向現實妥協，實施限地產婆制度，以每一平方公里設置一位限地產婆為目標，徵求有接生經驗者且修完短期講習教育者，經認可賦予三年限地開業資格〔註12〕。1950 年台灣執業助產士共 2672 人〔註13〕，接生率33.0%，醫師的接生率僅 3.0%；助產士既較醫師為婦女接受、又有政府的培植計畫，其最強的競爭者——先生媽更自日治時期即被政府取締、媒體撻伐〔註14〕而漸漸喪失市場，戰後助產士這一行業應該有很好的條件擴展，1960年代初期，Baker 和 Perlman（1967）來台調查台灣醫事人力資源，當時助產士是台灣最主要的接生人，台灣近半數的嬰兒是由助產士接生的，Baker 和Perlman 分析，由於「經濟發展及教育水準提升」婦女更能負擔僱請助產士，因此推估在 1983 年時應有三分之二的嬰兒由助產士接生〔註15〕。結果實際

〔註10〕立法院公報第 74 卷，第 39 期，院會記錄，頁 38。
〔註11〕陳麗新、洪有錫，2002。
〔註12〕台灣總督府民政事務成績提要第 29 篇　台灣總督府民政課 1923 年，頁 751～752。
〔註13〕立法院公報第九十一卷　第三十七期　委員會記錄，衛生署長報告。
〔註14〕陳麗新、洪有錫，頁 14。
〔註15〕吳嘉苓，〈醫療專業、性別與國家：台灣助產士興衰的社會學分析〉。

狀況與 Baker 和 Perlman 的預估完全不同，1983 年台灣助產士的接生率僅有 15.7%，之後逐年下降，1991 年台灣助產教育完全停辦，1992 年公立醫院中助產士編制取消，原有助產士改以護士職任用。

據行政院衛生署的統計，1992 年台灣地區出生嬰兒 98.98%由醫師接生，助產士這個行業，既沒有後續的人才培養，也少有執業的機會，好像在台灣消失了。可是事實是：到 2002 年台灣領有助產士證照者有 52,974 人，在醫事人員法、稅法中助產士仍是一項專業，只要有人報名，考試院仍然要舉辦助產士證照考試。但是這 52,974 人中只有 558 人以助產士為職業登記，其中與健保診所有特約的，只有 18 位。也就是說領有助產士證書的人中只有 1%登記為助產士，而這 1%人中的 3%是執行助產業務的，難怪教育部要停辦助產教育，這樣低的就業率，實在不符合教育投資的成本效率。

停止了助產士教育，助產士沒有後繼從業人員，等於宣告這個行業的結束。1995 年台灣全民健保開辦之初，助產士業務本不在健保給付之列，後經助產士們醞釀走上街頭抗爭，才在全民健保開辦九個月後，助產所才納入健保給付。相對於有兩千多家與健保局簽約的婦產科醫院、診所，與健保局簽約的助產所只剩下 23 家〔註16〕。我們不禁要問：「助產士完全為醫師所取代」這樣的狀況是國家發展必然的現象嗎？這樣的狀況對照顧台灣婦女的分娩是有利的嗎？台灣助產學界同樣提出這兩個問題，成為他們在致力修改助產士法時大聲疾呼、訴求的重點〔註17〕，在這裡我先探討造成這種後果的原因。

回顧台灣的助產教育，1947 年台灣立案的助產學校只有一所；1948 年成立一年制的助產科一所。自 1949 年起助產教育即與培訓護士的護理專業合併培訓為「護理助產科」〔註18〕，之後台灣的助產教育都以護理助產合訓的模式進行，合訓的原因及目的是：

> 四年制護理助產合訓科之目的，係為適應社會之需要。蓋護理助產科性質雖屬不同，為其中除部分特殊技術外，其他隊於醫護之生理及病理學士均應具備，合訓班在教育立場及經濟原則上，以較少時間及經費可培訓護理及助產兩種專門人才誠為我國配合當前反共抗

〔註16〕 健保局網站。

〔註17〕 郭素珍 2003。

〔註18〕 台灣省立台北高級醫事職業學校 1947 年開辦三年制助產科，為我國高職助產科之濫觴，但 1949 年起停辦三年制助產科，改為 4 年制護理助產合訓科。

俄建國復國之國策，儲備人才之適切措施〔註19〕。

在那個一切以「反共復國」為最高指導原則的時代，「經濟」是重要考量因素，政府認為應以較少的時間或教育成本來培育護理及助產兩種人才，更有學者〔註20〕力主助產教育因為招生名額有限，報考人數不多，錄取率幾乎達百分之百，其畢業生當助產士的情形亦不活躍，加上到 1970 年台灣已有將近 40% 的新生兒由醫師接生，助產士接生的比率節節下降。助產教育成果不佳，所以助產教育無須獨立成科，以免增加教學成本與支出〔註21〕。自 1950 年起到 1988 年台灣受「單純」助產教育的只有 1357 人，而護產合訓的有 46428 人，占全部護理助產畢業學生的 97%〔註22〕。這些畢業生可以參加助產士與護士國家考試，可取的雙重執照，所以在領照人數上助產士人數很高，然事實上由於政府專業人員的職業登記只能選擇一項，所以兩張證照，對求職並沒有太大幫助。這與前面「節省教育成本」的說法矛盾。況且這些高職、專科畢業的學生，通常都未滿 20 歲，要她們去獨立面對產婦，並給予指導，實在是很大的挑戰〔註23〕，所以選擇獨立開業的畢業生很少，她們若進入醫療院所或衛生機關工作，限於工作性質及人事編制，護士與助產士只能擇一擔任，為了方便醫院中職務的調整，及醫院中助產士編制名額較少，她們大多數選擇以護士登記。另外，護士資格之上還有「護理師」資格，擁有銓敘等級較高的護理師資格，在職等、敘薪都比較高，比較有發展空間，而「助產士」一直沒有「師」級的資格。「助產師」是直到 2003 年在助產學界多方奔走、遊說才獲得立法通過的資格。

在醫療體系中，醫師擁有絕對發言權，是醫療專業的地位最高者，護理專業在醫療照護的位階結構中，被視為「次級專業」或「半專業」。助產士走入階層結構分明的醫療工作場所，其工作與一般護士無異〔註24〕，其專業的

〔註19〕〈台灣省立台中高級護理職業學校四年制護理助產合訓科計畫〉，收於台灣省政府教育廳編：《台灣教育發展史彙編》（台中：台灣省政府教育廳，民國 74 年四月），頁 221。

〔註20〕顏裕庭：〈國內目前護產教育的管窺〉《護理雜誌》18 卷 4 期，（台北：中華（台北：中華民國護理學會，民國 60 年 7 月），頁 49～50。

〔註21〕教育部醫學教育委會顏裕庭：〈國內目前護產教育管窺〉，《護理雜誌》18 卷 4 期，台北：中華民國護理學會，民國 60 年 7 月）。

〔註22〕表（十）、表（十一）。

〔註23〕張淑卿，1999〈專業、權力與教育：護產專業的變遷與助產教育的停辦〉第五屆科學史研討會論文集，頁 150。

〔註24〕同上。

獨立與自主性受到限制。政府甚至頒佈行政命令明文規定：「助產士受聘於醫院、診所執業，仍應接受醫師指導始可執行接生」〔註25〕，在醫療院所的助產士可說完全被「繳械」，即使是由她們接生也無法開立出生證明，過去「正常產歸助產士、異常產歸醫師」的分工被打破，因為在正常分娩也在醫院進行的情況下，助產士仍然不能獨立作業，醫院助產士等於成為醫師助手〔註26〕。這項行政命令明顯違反法律位階較高的「助產士法」，但是遲至 1999 年8 月才被取消〔註27〕。各公立醫院中的助產士編制早在 1992 年已遭取消，至今（2004）雖然助產界、婦女團體多方向政府機關建言仍無法恢復。1983 政府頒佈「醫療院所中的助產士必須要在醫師指導下接生」的行政命令時，助產學界或助產士們為何沒有聲音？筆者推斷可能是醫療院所中的助產士的編制員額本來就不多，聲音不大，而助產士們大多擁有護士執照，在職稱上改為護士對她們的影響不大，還有產房是比較辛苦的單位，護士們多希望改任其他單位，如果是助產士編制不方便調動，所以這項措施並未遭到反彈。

1990 年政府核發的助產士證書已有 41,932 張，但因規定專業人員僅能選擇一項做為職業登錄，所以這些經護產合訓取得兩項職業證照的助產、護理人員，大多數以護士登錄，因此領有助產士執照登錄證者僅 1,891 人，表示絕大多數領有助產士證書者均未執行助產業務。可見護產合訓對助產士的培育並沒有助益，反而是一種教育浪費。

在全面護產合訓的風潮下，也曾有護理、助產教育分列的聲音出現，1977年教育部有意將護理職業教育的護理助產合訓制予以分列，專辦護理科，培訓護理人才，另設一年制的助產特訓班，專事培養助產人才，但是尚未有具體實施辦法〔註28〕。行政院科技顧問會議亦曾談及護理、助產合訓教育不宜，因為「職校層級學生過多，不符社會需要；師資素質及數量不符所需；課程未反應社會需求且層次不明。其解決措施是：全面提升養成教育至專科以上，

〔註25〕 1983 年衛生署行政命令。

〔註26〕 郭素珍，助產專業執業現況、角色功能與未來展望；2003，助產專業今昔與未來：理論與實正研習會，國立台北護理學院護理助產所，頁 20。

〔註27〕 衛署醫字第 88030372 號。

〔註28〕 《青年戰士報》□□年 8 月日，第 6 版。《台灣新生報》1978 年 1 月 3 日，第 2 版。
郭為藩，《中華民國開國七十年來之教育》（台北，廣文書局，1984 年），頁 293。

改進各級護理教育課程，充實護理教師的質與量〔註 29〕。但是科技顧問會議
並未論及提升助產教育的師資、助產士的質與量等。助產教育體系存在的問
題諸如：學校教育不敷開業需要；醫院的輪班與分工方式，使得助產士的專
科訓練不夠全面；護生實習接生權被婦產科專科醫師剝奪，幾乎沒有正式接
生的機會等等問題都被忽略〔註30〕。

　　國立台北護專在改制爲護理技術學院時曾擬設立助產學系，將助產士提
升到大學程度，因爲依據 1985 年修訂之助產士法，所規定之助產士執業範圍
及內容，其深度及廣度已非護理助產職校、及五年制護專之助產士所能勝任，
台北護理學院認爲將助產士提升到大學的層級可提高民眾對助產士之信任，
並發揮助產士之功能〔註31〕，助產學系擬爲二年制，每年級各設二班，但是
教育部認爲：台北護理技術學員應以注重護理專業與實務爲目標，並以招收
二年制及辦理在職進修爲主，四年制爲輔，在改制五年內暫不宜設立助產學
系。〔註32〕因此台北護理學院不僅未能設置助產學系，甚且在 1991 年因教育
部決策停辦助產科，全台灣各級護理助產學校均改成護理科，衛生所的助產
士職稱均修正爲公共衛生護士。

　　比較接生者的學歷，醫師們的入學資格是高中畢業後在醫學院受 7 年教
育（共 19 年），而助產尚停留在高職（共 13 年）、五專（共 14 年）階段，差
距不可謂不大。教育代表了知識與技術的提升，台灣助產教育一直未加以提
升到大學層級，助產士的地位遭到貶抑〔註33〕。1991 年教育部全面取消助產
教育，令助產界措手不及，因爲在停辦前的種種問題被忽視、希望藉提升教
育來改善助產人員素質的提案又被否決，在停辦助產教育的過程中亦未徵詢
助產界的意見，且也沒有助產團體參與決策，因此許多助產士認爲政府這種

〔註29〕　行政院第十次科技顧問會議醫藥衛生組分組討論，〈提升護理人員在醫療保健
　　　　系統中的角色與功能〉，收於陳月枝主持，《我國護理教育的提升與長期規
　　　　劃》，頁 39。
〔註30〕　林怡青，《政策轉變對婦女生育健康服務之影響——助產士的觀點》（台北：
　　　　陽明大學衛生福利研究所碩士論文，民國 87 年 1 月），頁 140～144。
〔註31〕　〈國立台北護專改制爲護理技術學院計畫書〉收於陳月枝主持，《我國護理教
　　　　育的提升與長期規劃》，頁 147、150。
〔註32〕　〈教育部函〉台（83）技字第○三五二四七號，《教育部公報》236 期，台北：
　　　　教育部，民國 83 年 7 月 31 日），頁 7。
〔註33〕　郭素珍，〈助產專業執業現況、角色功能與未來展望〉；2003，助產專業今昔
　　　　與未來：理論與實正研習會，國立台北護理學院護理助產所，頁 19。

作法是要對助產士「斧底抽薪」、「斷根」，教育部回覆助產界說明取消助產教育的原因的公文指出：

> 目前先進國家皆無設立助產科、系，產科（學）業務應由婦產科
> 醫師執行，將來應無助產士制度，因此沒有設置助產科系之必要。
> 〔註34〕

由此可以清楚看出教育主管機關對助產教育持否定的態度，與 1950 年代給予護產合訓學生公費的重視態度大相逕庭。其中原委很難探詢，教育制度一直是隨著少數在上位者的意向而變更，筆者訪談的助產士們又都是獨自開業的，她們均表示不清楚有這些規定。1983 年的那紙行政命令，醫院、診所裡的助產士不再開立出生證明，可是在政府衛生統計的資料中，1983 年仍有 14.5%的嬰兒由助產士接生，這些助產士們在哪裡接生？她們並不是沿襲過去日治時期產婆到產婦家接生的方式，她們早在 1950 年代中期即創造了一個新的工作空間——助產所，在這個不是產婦家也不是醫院的新空間裡接生。

第二節　助產所的誕生

如前所述，戰後國民政府來台後護理助產學校所培養的學生，當大多數的學生選擇當護士或進入醫院體系當助產士時，有一部分的畢業生選擇當開業助產士，她們與日治時期已經取得產婆資格的助產士在醫院體系外繼續執業相同，開業助產士們，在她們新創的工作空間接生，成為助產士行業延續的一脈血脈。

一、助產所的法律地位

戰後國府接收台灣，政權交替後沿用在中國的法令管理台灣助產士，規定〔註35〕：

1、公立或經主管官署立案或承認之國內外助產學校或產科講習所修習產科二年以上畢業領有證書者。

2、修學不滿二年在本法施行前已執行助產業滿三年以上者。

3、在外國政府領有助產士證書經主管官署認可者。

〔註34〕教育部公文，民國八十二年 2 月 15 日，台高 07621 號。
〔註35〕1943 年版助產士法第二條。

　　日治時期執業的產婆透過換證、登記取得助產士資格〔註36〕，戰後初期至1960年代，產婦仍以居家生產居多〔註37〕，需要大量的助產士，筆者訪問到兩位在日治時期即已執業的產婆，花含笑及陳滿妹，花含笑是台中醫院產婆講習所畢業，通過總督府的產婆試驗，戰後沒有立即執業，1954年後才去衛生所上班；陳滿妹則是蓬萊產婆講習所畢業，戰後因為新竹芎林衛生所需要助產士，即前往上班。她們兩位都是白天在衛生所上班，晚上若有產婦生產則外出接生。花含笑共生了7名子女，是請別的助產士來家接生，陳滿妹只生一個小孩，是去竹東請婦產科醫師接生。筆者詢問她們接生費？花含笑說起初是8～15元，陳滿妹的形容比較有趣：她收「一隻小母雞」的價錢。新竹縣鄉鎮的助產士往往也是衛生所的助產士，當鄉鎮衛生所助產士編制取消，她們就轉為公共衛生護士，照樣前往產婦家做訪視和衛教及宣導家庭計畫。

　　日治時期產婦依循舊慣採居家分娩〔註38〕，大都是陣痛開始才去叫產婆，可是如果產婆人數不夠，常常會發生幾家人家同時都有產婦臨盆，產婆分身乏術的情況，而產婆隻身前往產婦家，所能攜帶的工具有限，又由於分娩時間在夜間較多〔註39〕，產婆自身家庭常無法顧及，還有政權交替時期社會不安定，身為女性的助產士夜間外出人身安全的考量，諸多因素，在1950年代初期後發展出助產所。開業助產士在自家設產房供產婦分娩，稱為「助產所」。筆者也聽過有些福佬人稱之為「產婆院」（應是相對於「病院」的一種稱法）。

　　助產所的設置，是分娩習慣的一大變革。過去台灣人的習慣是寧願借人死也不借人生孩子，因為台灣人相信吉凶是有定數的，喪事是不吉祥的，可是借人在自己的房子辦喪事，是把「不吉」分走，因此可以接受，但是生孩子是喜事，借人在自己的房子生孩子，是把自己的「喜氣」分走，所以不能同意。這種習俗是沿襲漢人忌避血房，認為產房是污穢、不潔的禁忌而來〔註40〕。在產

〔註36〕訪問助產士花含笑、彭梅蘭得知，政權交替後，產婆將「產婆試驗證書」寄交考試院檢核，經認可取得助產士證書，但若要進入公部門如衛生所、或公立醫院仍須通過公務員考試，由於語言的轉換問題，花含笑覺得由日文轉而使用中文的考試不太容易；新竹縣的陳滿妹則是戰後立即進入衛生所服務，因此沒有經過公務人員考試。

〔註37〕張淑卿，1999。

〔註38〕王灝《生之禮俗》。

〔註39〕安藤畫一《產婆學》上卷，頁259：一般に分娩は夜間に多く晝間に少なし。且約3分の2は午前中に分娩す。

〔註40〕胡樸安《全國風俗志下篇》卷二，41頁：洛陽風俗瑣錄，五、禮俗：「婦人在

婦方面，過去產婦生產後坐月子禁吹風、受寒，一個月內都不能出房門，產婦改變在家生產的習慣到助產所生孩子，是一項新的改變。開設助產所的助產士還是會應產家要求前往產婦家接生，但通常是嬰兒已經生出來了，產婦「來不及」的情況，助產士才去「斷臍」。從 1945 到 1985 年 40 年間，婦女分娩的習慣被翻轉，過去絕大多數產婦在自家生產，到今天形成幾乎所有台灣婦女都在醫療院所分娩，居家生產成為極少數的情況，如果是產婦刻意選擇要在家生產，反而會被視為特例。

　　筆者認為助產士開設的「助產所」，這個新的生產空間，在上述的大轉變中扮演一個過渡的重要角色。可是到今天，這個生產空間可說是被忽略的，現在一般人的印象中產婆、助產士都是到產婦家接生的，其實不然，根據衛生署衛生統計，到 2002 年台灣有正式登記的助產所還有 189 家〔註 41〕，在 1989 年有 424 家，1986 年在助產所職業的助產士還有 888 人〔註 42〕，這一年助產士的接生率只有 6.73%，1950 年代助產士接生率超過 40% 的時候〔註 43〕，究竟有多少家助產所？筆者尚未找到確實數據，其原因在於「助產所」這一助產空間在 1985 年修法前，在法律上是不存在的，政府的統計公報只有「助產士」人數的統計。筆者向新竹市衛生局、新竹市衛生局、及衛生署查詢，都無結果。新竹縣、市衛生局醫政課的人員給我的答案是：「1981 年新竹縣市分治時，將過去的檔案全部銷毀。」詢問衛生署，答案是衛生署是民國 70 年才成立的，之前的資料付之闕如。筆者想到祖母助產所的照片上有「勞保局認可」字樣，因為參加勞保的人，在生育時可向勞保局請領生育給付，推斷勞保局應該有核予給付的單位名單，勞保局總沒有改組吧！結果更令人氣結！勞保局掌管「給付」業務的小姐竟然問我：「什麼是助產所？」

　　最後筆者找到一張 1963 年新竹市開業助產名單，上面列了 32 位助產士，其中有六位是註明在私人醫院、診所、公家機關醫務室任職，其他 26

甲家受孕，不能在乙家生產，若外來租戶不知其情，一經遷移，則甲屋已賃出，乙屋不許住，而臨盆在即，只得在廟中或養生堂誕育，俟滿月始可進屋」。清文康《兒女英雄傳》第三十九回：鄧九公道：「今日正是兩小子的滿月……今而個屋裡也不算暗房哩……就請老弟你到屋裡瞧瞧。」產室叫做暗房，男人通常不進暗房，雖至親姑嫂生產亦不親自探望。

〔註 41〕其中與健保局有合約的只有 22 家。
〔註 42〕由於助產所在 1985 年之前沒有正式法律地位，所以在政府的統計資料裡只看得見「開業助產士」，而沒有「助產所」。
〔註 43〕表 台灣地區歷年出生嬰兒接生別。

位推斷應是開設助產所的。根據台灣生統計提要，1961 年全台灣助產士共有
2093 人，而新竹縣統計提要記載共有助產士 75 人，新竹市有 36 人。如果按
照這個比率粗略的推算，全台灣應有助產所 1800 家。實際數字可能要留待
找到確實資料才能得知。

　　之前幾位先進也都未討論過助產所這個生產空間〔註 44〕，它卻是真正的
存在台灣且蓬勃興盛過，筆者認為值得探討。其實「助產所」對正常產而言
是一個很好的生產空間，它提供的服務分成產前、產時、產後三部分：

一、產前：婦女在懷孕期間即會前往助產所請助產士做產前檢查，助產士會
　　　幫孕婦推算預產期、量血壓、聽胎心、看胎位是否正常、並且對孕婦做
　　　相關衛教。

二、產時：等產婦自覺即將臨盆就前往助產所，助產士會先幫產婦內診判斷
　　　產婦已達第幾產程，告訴產婦是否留下待產，產婦生完產，會留在助產
　　　所休息、恢復，待情況穩定，一般約兩、三天，產婦才會回家坐月子。

三、產後：助產士會前往產婦家為嬰兒洗澡，並且訪視產褥期的產婦狀況，
　　　一般至少會維持到產後 10 天，由於台灣習俗坐月子產婦是不碰水的〔註
　　　45〕，所以有些產家會要求助產士幫新生兒洗澡到滿月。

　　與以男性醫師為主的醫療院所相比，在許多婦女心目中，尋求同為女人
的助產士為自己接生，比找男性的婦產科醫自在得多，所以助產士開設的「助
產所」曾經很受婦女青睞。

　　另外經濟因素也是產婦選擇助產所的重要原因。1958 年政府開始實施勞
工保險制度，只要勞保被保險人投保達 280 日後分娩，被保險人或其配偶都
可請領生育給付，包括「分娩費」及「生育補助」，即可獲得勞保局一次給付
投保薪資 2 個月。助產士與醫師開具的出生證明具同樣效力，勞工領與的給
付金額相同，但是助產士的收費比醫師低，這也可能是產婦選擇助產所的原
因。同樣的情況也發生在軍、公、教人員身上，因為分娩費需要先付，然後
再以出生證明請領，為了省錢她們會到助產所生產。可是當公保取消生育給
付，軍、公、教人員及其眷屬分娩不能領取生育補助，又規定分娩必須到公
保指定醫院，費用由公保局以醫療給付方式直接支付給醫院，軍、公、教人

〔註44〕游鑑名、吳嘉苓、傅大為、陳麗新、洪有錫、張淑卿、等先進研究台灣助產
　　　　士歷史的先進學者。
〔註45〕莊淑旂口述，許雪姬執筆，《莊淑旂回憶錄》，2001。

員到助產所生產的人數就大爲減少。1995 年全民健保實施後，勞工保險中的分娩費亦改由健保局以醫療給付方式直接撥給醫院、診所、助產所，勞工只能領取投保薪資一個月的生育補助〔註46〕。

現在全台灣還有 22 家助產所與健保局特約，是現在少數仍在執業助產士的工作場所。在法律上「助產所」則是到 1983 年才被開始討論，在 1943 年頒訂的助產士法中對助產士的資格、開業有以下諸條規定：

第六條　助產士開業，應向所在地縣市政府呈驗助產士證書，請求登錄發給開業執照。

第七條　助產士歇業或移轉時，應於十日內向該管官署報告，死亡者由其最近親屬報告。

第八條　助產士非加入所在地助產公會不得開業。

第九條　助產士如認爲產婦或胎兒生兒有異狀時，應告知其家屬言醫師診治，不得自行處理，但臨時救急處置不在此限。

第十條　助產士對於產婦或胎兒生兒不得施行外科產科手術，但施行消毒灌腸及剪臍帶之類不在此限。

第十一條　助產士應備接生簿，載明產婦姓名、年齡、住址、生產次數、生兒性別等項。

〔註46〕勞工保險條例第二節　生育給付
第三十一條　第三十一條　被保險人合於左列情形之一者，得請領生育給付：
一、參加保險滿二百八十日後分娩者。
二、參加保險滿一百八十一日後早產者。
三、參加保險滿八十四日後流產者。
被保險人之配偶分娩、早產或流產者，比照前項規定辦理。
第三十二條　生育給付標準，依左列各款辦理：
一、被保險人或其配偶分娩或早產者，按被保險人平均月投保薪資一次給與分娩費三十日，流產者減半給付。
二、被保險人分娩或早產者，除給與分娩費外，並按其平均月投保薪資一次給與生育補助費三十日。
三、分娩或早產爲雙生以上者，分娩費比例增給。被保險人難產已申領住院診療給付者，不再給與分娩費。
※上述有關生育給付分娩費部分，依本條例第七十六條之一規定，於全民健康保險施行後，停止適用。原勞工保險生育給付之分娩費，改由健保局以醫療給付方式給付。因此，自八十四年三月一日全民健康保險施行後，勞工保險被保險人分娩、早產、流產、或被保險人之配偶分娩、早產、流產均不得請生育給付之分娩費。

　　　　前項接生簿應保存十年。

第十二條　助產士應于每月十日前將前月份助產人數列表報告該管官署
　　　　層轉衛生署備。

　　　　前項報告表式由衛生署定之。

第十三條　助產士關於業務不得登載或散佈虛偽誇張之廣告。

第十四條　助產士不得違背法令或助產士公會公約，收超過定額之助產
　　　　費。

第十五條　助產士不得無故或遲延助產。

　　這些法條中助產士執行業務的地點並沒有規定，沿襲舊有習慣，助產士執業的地點法律並無規定。筆者訪問新竹芎林鄉的助產士陳滿妹，她一生共接生 6000 個嬰兒，全部都是去產婦家接生的，她認為只要有技術，一只手提包裝著必須的用品「到哪裡都可以接生」。事實上戰後台灣的助產士，有的進入醫療院所、有的在衛生所，另外開業的助產士還發展出一個新的生產空間「助產所」，助產士的仍會應產婦的需求外出接生，也有開業助產士，仍然完全以外出接生的方式執業，但是早在在五、六○年代即已有助產所的存在〔註47〕，政府卻直到 1983 年由行政院推動的助產士法大幅修正時，「助產所」這個名詞才正式出現公文書上，1985 年 5 月 27 日公布的助產士法，首次規定助產士執業地點：應設立助產所或接受助產所或醫療院、所約聘。〔註48〕接下來新增一章共 7 條條文規範助產所的設置及管理原則。〔註49〕1986 年政府隨即完成助產士法施行細則，將助產所的設置細節做了明確規範。1988 年助產士法施行細則又再次修正，這時管理助產所的相關法規已經非常周密了。法律清楚的規定助產士必須在醫院、診所、或助產所接生，其他地方（例如產婦家）反而成為特例。

二、助產所的一個歷史素描：彭助產所

　　檢視助產士法與助產士法施行細則〔註50〕可知：

　　（1）助產士執業的主要場所已不再是產婦的家，而是醫療院、所或助產

〔註47〕詳附錄照片（5）。

〔註48〕1985 年版助產士法第 10 條，詳附錄。

〔註49〕1985 年版助產士法第三章助產所之設置及管理：自第 11 條至 17 條均為助產
　　　所的相關規定。詳附錄。

〔註50〕1988 年版助產士法施行細則；詳附錄。

所，只有在急救或應產婦或其家屬之邀，才會不在上述場所接生。

（2）助產士才可以申請設立助產所，並爲負責人。

（3）因執業的需要助產所內可以設九床以下之觀察床。

（4）助產所的基本設備爲

產房、觀察室、觀察床、嬰兒床、產台、消毒鍋。

（5）助產所在執行正常分娩時應具備的藥物有：

接生器材用物、血壓計及聽診器、成人及嬰兒體重計、成人及嬰兒身高測量計、尿糖、尿蛋白、血色素簡易檢查器材、灌腸、導尿器、沖洗器、會陰縫合器材、子宮收縮劑（口服藥及針劑）、新生兒用眼藥膏。

（6）爲了因應緊急狀況，助產所還需具備的急救藥物：

甦醒器及氧氣設備、開口器及拖舌鉗、止血劑、強心劑、靜脈點滴設備。

（7）助產所必須保持環境清潔，並具備通風照明設備。

（8）助產所必須與鄰近得醫療院所訂定契約，於發現產婦、胎兒或新生兒有異狀時，由該醫療院、所立即救治。若契約有更動亦要向主管官署報備。

（9）在申請設立助產所時，除助產士本人相關證件外還需要繳交助產所的平面圖、設備表及與鄰近醫療院所訂定的契約書。

這些法條屬於事後立法，是對社會上已有的現象、事物進行管理、規範，這與日治時期先有產婆養成規則再培養產婆不相同。助產所在 1950 年代即已發展出來，這是助產士獨立作業的場所，與在醫療院所擔任助產士相比，經營助產所獲利比較多，接生時也無須受制於醫師，但是風險也必須由助產士一肩承擔；現代醫師最擔心的「醫療糾紛」也是開業助產士的最大壓力，因此助產士除了在學校所受的基本訓練外，還必須靠長期的經驗累積，培養出解決小問題，判別大問題的能力，沿襲過去「正常產歸助產士、難產歸醫師」的分工方式〔註 51〕。在法律未規定前，開業助產士即與鄰近婦產科醫師培養出良好默契，遇到助產士無法處理的狀況，或請醫師到助產所做處置，或將產婦送去醫療院所，助產士與婦產科醫師有很好的合作關係。因此當婦女需

〔註 51〕 張淑卿，1999。

要一些助產士無法提供的服務時〔註52〕，助產士會將其轉介給婦產科醫師，婦產科醫師透過墮胎的特殊醫療技術與知識權威，使得婦產科醫師在與助產士競爭獲取「家庭與婦女」信任的過程中開始領先〔註53〕。台灣婦女從寧死也不願給男性醫師診治、接生，到今日幾乎所有的婦女都由以男性為主的婦產科醫師診治、接生，助產士是重要的轉介者；而生產的地點從幾乎全部在自家生產轉換為幾乎全部都不在家生產，助產所是產婦跨出家門生產的第一個選擇，短短四、五十年的時間，將千百年來的活動模式完全翻轉，其中扮演關鍵角色的助產所實在不可忽略。

筆者家曾是助產所，從祖母、母親、嬸嬸和妹妹都是助產士，自1953年到1991年，三代四位助產士先後在這家助產所執業，本文中筆者擬以自家助產所為主，另外從筆者訪談的10位助產士〔註54〕、四家助產所得知的資料做印證，描繪助產所的樣貌。

筆者自家的助產所是祖母在1953年即開設的，祖母在日治時期即已從事產婆工作，戰後，仍繼續執業，因為口碑很好，常常同時受到幾家產家邀請去接生，分身乏術，有些產婦的家位處偏遠，長途跋涉多有不便，所以在自家開設助產所〔註55〕，頗受產婦歡迎，翻閱當時的接生名簿，每月均有四、五十個接生案例，產婦來自全新竹縣，比起日治時期完全外出接生，服務的產婦增多、服務的範圍也擴大。日治末期，祖母獲得政府配給一部腳踏車代步，但在她開設助產所後，除了政府補助的美援腳踏車外還自行購置了當時罕有的摩托車代步〔註56〕，作為產後訪視的交通工具，忙碌的助產業務令祖母覺得這是一項有發展潛力的事業。當時助產所內洗衣、煮飯都雇人打理，接生業務也有助手，這些助手都是年輕失學的女孩子，經人介紹到助產所幫忙，她們因此學到一些助產的技術，其中也有人因來助產所當助手後對助產工作產生興趣，參加檢定考試，而獲得助產士資格。

從1933年祖母開始從事助產工作到1953年開設助產所，家庭的經濟有明顯的改善，她認為要發展這份事業一定要合格的助產士與她一起經營，這

〔註52〕剖腹產、墮胎、等手術。
〔註53〕傅大為2002〈戰後台灣婦產科的手術技藝與性別政治〉〈女學學誌：婦女與性別研究〉第14期，頁50。
〔註54〕10位助產士，其中有兩位未開設助產所，其餘八位開設5家助產所。
〔註55〕詳附錄照片（6）。
〔註56〕摩托車的型號不可考，但有照片為證。

時新竹地區還有其他的助產士也開設助產所，這些人都是她的競爭者，她於是打主意到未來媳婦身上，她要求兩個兒子必須娶「有牌的」助產士當太太，1957 年筆者的母親自台北護校護產合訓科畢業，因為是公費生，所以有義務在公立醫院服務，她選擇離家近的「省立新竹醫院」，由於當時合格護士不多，1958 年筆者母親就成為省立新竹醫院的護士長，祖母積極的託人為筆者父母親撮合，1959 年筆者母親結婚，婚後仍在醫院上班，沒有值班的時候在祖母的助產所幫忙接生，直到三年的「公費義務」期滿，筆者姊妹相繼出生，1961年母親便辭去醫院的工作，投入助產所業務。有了媳婦的加入，祖母無後顧之憂的做產後訪視，她的摩托車前的擋泥板上印有「助產士彭錫妹」〔註 57〕字樣，像一個活動廣告，加上親切的服務，使助產所的業務倍增，助產所擴建，從原來的平房擴充為 4 層樓的樓房，1962 年助產所每個月接生達 100 個嬰兒，省立新竹醫院年輕的婦產科醫師〔註 58〕，主動的要求來助產所幫忙，所以若有難產需要剖腹時婦產科醫師在助產所的產房進行手術。1965 年筆者的嬸嬸加入，她也是台北護校護理助產合訓科畢業，她是第一屆的自費生，所以沒有到公立醫院服務的義務，直接投入助產所業務。一個助產所有三位合格助產士，這在新竹地區可說是絕無僅有，每月接生達 120 個嬰兒，蟬聯幾年全新竹縣最高接生數，新竹縣長劉謝煥的夫人都選擇筆者家的助產所生孩子，那是助產所最輝煌的時代。

　　1969 年筆者祖母在外出做訪視時遭遇車禍身亡，1970 年嬸嬸不願再從事辛苦的助產工作，選擇在衛生所當公共衛生護士，助產所剩下筆者母親獨撐。但是因為以往的口碑和母親的敬業精神，每月接生量仍有八、九十人，偶而也會超過 100 人，助產所雇的助手不再是年輕失學的女孩子，而是受過助產教育的護校畢業生，或是有經驗的護佐，1972 年起有私立護專要求派學生到助產所實習，因為私立五專學生在大醫院常分配不到實習接生的名額。而在助產所裡沒有實習醫師搶接生的機會。

　　1982 年筆者的妹妹自五專護產合訓科畢業，也投入助產所業務，助產所的接生量每月仍維持五、六十人。這時母親已察覺助產所的業務量一直下滑，是社會趨勢使然，覺得妹妹在助產所沒有發展性，遂鼓勵妹妹到大型醫院就

〔註57〕 詳附錄照片（7）。
〔註58〕 據筆者的母親口述：當時在省立醫院擔任婦產科醫師的林玉書醫師，曾來助產所幫忙兩年，他後來在助產所附近開設「林婦產科」診所，業務也非常興隆。

職。但是妹妹實在不喜歡護理、助產工作，於是她在當了兩年的開業助產士及一年的護士後就去日本改讀廣告設計。助產所又只剩下母親獨撐大局，從此後助產業務逐漸減少，1986 年助產所每月的接生人數剩下 40 左右，長期在助產所任職的助手結婚離職，母親便不再雇助手，接生的助手由從小耳濡目染的筆者充當。到 1991 年助產所每個月只有不到 10 個的接生案例，母親決定退休，助產所就結束營業了。

三、助產所的平面圖

　　就像勞保局的那位小姐問的「什麼是助產所？」助產士在助產所接生與到產婦家接生有什麼不同？最大的不同是產台。一般產婦家不可能有一張產台，助產士也不可能帶這產台去產婦家，在產婦家助產士要因著產婦的床來安排分娩的姿勢，用產台的話，則變成產婦配合助產士。產台的設置讓助產所像醫院，助產士用與醫師一樣的姿勢接生。其他還有高壓爭氣消毒鍋、真空吸引器、保溫箱等器械都是助產士無法隨身攜帶的，這些「重裝備」是怎麼安排在助產所的呢？筆者用平面圖來表示：

平面圖一

　　圖一是 1953 年筆者祖母開設助產所，助產士並未住在其中而是住在對街另一處房子，這是一棟日本式杆欄式建築〔註 59〕房屋改成，分成四個房間，右邊是分娩的產房和嬰兒室。產房中有產臺〔註 60〕、消毒鍋、瓦斯爐、洗手水槽、嬰兒洗澡台和藥櫃，門與產台間有屏風，若產房門未關閉，外面的人也看不見生產的情形，以維持隱蔽性。嬰兒室是這棟房屋中唯一維持杆欄式建築架高地板形式的房間，嬰兒出生後在產房內洗好澡，助產士將嬰兒抱到隔壁的嬰兒室護理，在穿衣台上量體重、穿衣、護理眼睛、肚臍。保溫箱置於嬰兒室一邊，是為早產兒準備的設備，嬰兒床有九張，嬰兒室中一角以屏風隔開為助產人員的休息床，供助產士或其助手休息。左邊是待產室和恢復室，待產室又作為檢查室，產前檢查也在待產室進行，恢復室設有七張床，供生產完的產婦在此休息。中間的走道靠牆設長几上置茶水，另一邊產房的外牆邊置長椅，供家屬等待時坐，男性家屬通常不進產房。廁所、水槽及瓦斯爐皆設在後面。

〔註59〕 房屋不設地基，而是以打樁方式將房屋架高的建築方式。
〔註60〕 詳附錄照片（8）。

（案例二）

平面圖二

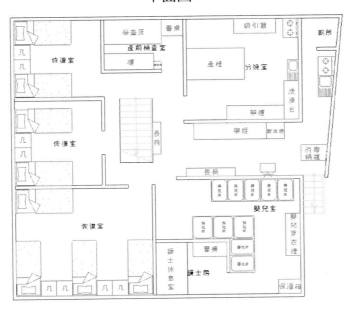

這處助產所位於獨棟房屋的二樓，全為西式建築，地面、牆面均為洗石子，沒有架高的地板。助產士及其家人住在房屋的其他樓層。產房中同樣設有產臺、瓦斯爐、洗澡台、藥櫃等，但高壓蒸汽消毒鍋不設於產房中，而是置於外面走廊，產房中還有真空吸引器是案例一所沒有的。由於產前檢查是該助產所重要業務，所以檢查室獨立出來，以便作業。恢復室與待產室合併，產婦可以在恢復室待產或是在外面沿著中間樓梯的欄杆走動。助產士鼓勵待產產婦在恢復室外多走動，以利生產，有時幾個產婦與家屬會在這個空間互相鼓勵，助產人員也會陪在旁邊。嬰兒室內有十張嬰兒床，亦配備有嬰兒保溫箱，與前一例相同，嬰兒出生後在產房內洗好澡，抱到嬰兒室做護理。護士休息室也是置於嬰兒室內，方便照顧新生兒。

圖（三）是圖二經過翻修而成，產婦恢復室仍為三間但是減少兩張床，並且因應產婦哺餵母乳需求，有一間恢復室擺置嬰兒床及嬰兒穿衣台。嬰兒室內的護士房稍擴大。嬰兒室新添置為治療黃膽新生兒照射燈〔註61〕。產房中裝潢、設備均更新，如產台改為油壓式，可以視需要快速調整產台傾斜角

〔註61〕照片（9）。

度，嬰兒洗澡改在不銹鋼水槽〔註 62〕，不是過去的銅盆，這可免去盛水、倒水工作。

平面圖三

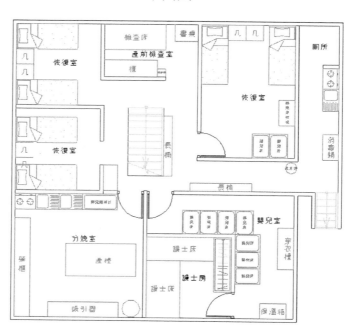

（案例四）

本案的房屋是長條形，一樓開設藥局，助產所位於二樓。

本案例同樣具備產房、檢查室、恢復室、嬰兒室、等待室等，產房內產臺、真空吸引器、高壓蒸氣消毒鍋、嬰兒室內嬰兒床、嬰兒保溫箱、新生兒黃膽治療燈等設備亦齊全。

與前三例相比，案例四之不同處為：

1、產房內不設藥櫃，所有藥品均置於一樓藥局。

2、護士休息室不設於嬰兒室內。

3、高壓蒸氣消毒鍋置於產房內。

筆者按照訪談助產士口述，畫成以上助產所平面圖〔註 63〕，觀察這例助

產所的配置，其中有三例是在房子的二樓，助產士與家人住在同棟房子的其他樓層，一例是平房，助產士住在對街的房子。筆者訪談的婦產科診所也大都是診所與醫師住家合併，推斷是由於產婦生產的時間大多於夜間，且時間不固定，助產人員需要隨時照護。就近處理比較方便。

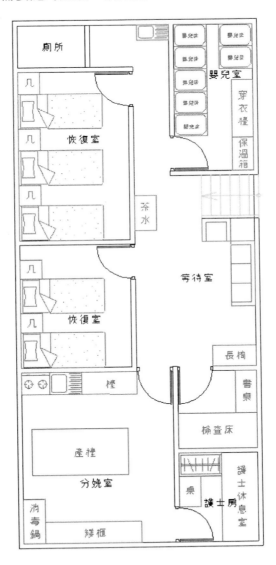

從平面圖可看出：產房、觀察室（恢復室）佔助產所最多的面積，嬰兒室次之，助產人員休息的床都是安排在嬰兒室，有一例是將部分嬰兒床置於恢復室，方便產婦哺餵母乳。檢查室與產房分開，是專門做產前檢查的。有

一例設有待產室，其餘二例為待產區，讓產婦方便在其間走動，加速產程推展。產台〔註64〕是由兩張台子合併而成，上半部可以調成稍傾斜，兩張台子相接處有一凹槽下面置放容器以承接羊水等液體，下半部的台子附有輪子，可以移開方便作業。產台的兩邊設有拉環或把手供產婦在使力時用，還有腳架，將產婦的腳架高。因此產婦是躺在產台上，雙手抓住拉環或把手，雙腳分開屈膝生產。當嬰兒娩出，產婦雙腳可伸直架在腳架上。助產人員為嬰兒斷臍、清除口鼻羊水、胎脂後由助手將嬰兒抱去洗澡、穿衣。助產士處理胎盤，確認胎盤完整排出後，檢視產婦會陰是否撕裂？若有裂傷就移開下半部產台為產婦進行會陰縫合，若無裂傷就為產婦清潔、護理會陰部，將產婦雙腳移下腳架併攏，鋪上產褥墊固定，然後扶產婦到觀察室的觀察床上休息、恢復。

產房、觀察室、觀察床在產婦家是同一個房間，在助產所則是兩個不同的房間，產婦在產房生產完，在觀察室的觀察床恢復。

筆者訪問的幾家助產所有幾個共同的特色，

一、產士很少單打獨鬥，婆媳檔、妯娌檔、母女檔都有，若為單一助產士開設助產所，經營起來比較困難。

二、助產所中的設備基本上都相同。

三、與醫師保持良好關係，如遇難產，醫師願意立即到助產所處理。

四、業務好的助產所，私立的護理助產學校會要求派實習生來實習。

五、助產所的產台與醫院、診所中的產台並無不同，都是依接生者順手的姿勢設計的產台，卻是產婦最不好用力的姿勢，產婦不能以蹲、坐、趴、站的姿勢生產。

六、當接生量減少，助產士們大多轉業，出路有：衛生所的公共衛生護士、醫院的護士、或配方奶粉公司的業務員。（需要護士、助產士資格）

七、產前檢查、產後訪視，為嬰兒洗澡、護理肚臍是助產所重要的服務項目，而這些通常都不另外收費。

八、助產所的助產士也會教導婦女避孕，包括保險套、避孕藥及裝避孕器〔註65〕。

〔註64〕詳附錄照片（11）。
〔註65〕由於這些工作衛生所的公共衛生護士也會主動在婦女生產完做，所以助產士

九、助產所的助產士也會為婦女墮胎，但這是違法的，筆者訪問的助產
　　士們有幾位即承認她們曾應熟識的婦女要求，為她們墮胎。

十、筆者訪談的幾家助產所，目前僅有一家仍在執業，幾乎已經沒有接
　　生了，主要的業務是推廣子宮頸抹片檢查，因為位於非都市區，女
　　性的助產士執行採樣，附近婦女的接受度很高。

　　至於未開設助產所的助產士，筆者訪問到兩位〔註66〕，其一是：訪談紀
錄的助產士 B，其二是助產士 J。

　　助產士 B 在日治時期到台北蓬萊產婆講習所讀一年，通過總督府產婆試
驗，取得產婆資格，戰後立即進入芎林衛生所擔任助產士，雖然她沒有開設
助產所，但是無論日夜芎林地區有人要生產便找她，估計她一生共接了 6000
個嬰兒，今天芎林地區的青壯輩有許多都是她接生的。她擔任過新竹縣助產
士公會的理事長，雖然沒有開助產所，但是接生人數比有些開助產所的助產
士還多。問她不開助產所的原因，她認為帶著助產用具去產婦家接生沒什麼
不方便，遇到難產，趕快送醫院就是了。開設助產所，需要投資大筆的金錢，
而且和住家連在一起不方便。筆者推測：由於她在衛生所任職，具公務員身
份，不方便另開設助產所。

　　助產士 J 是台北護專五年制護理助產科畢業的，1977 年取得助產士、護
士、護理師三張證書，畢業後初 10 年她先從事精神醫療護理，後在宜蘭羅東
聖母醫院及博愛醫院擔任護理督導才重新接觸助產業務，1990 年回到台北護
理學院附設醫院（當時名稱為國立護專附設醫院為婦幼中心的前身）產房、
開刀房、產後病房及嬰兒室，以護理師的資格擔任助產工作，雖然公立醫院
在 1992 年取消助產士的編制，但護理學院附設醫院仍保留助產士編制，1990
年台北護理學院附設醫院每個月的接生量已降至 300 名左右（1981 年時可達
每個月生產數 600 名），目前的接生量下滑到每個月只剩 30～50 名，但由於
政府 1983 年頒布的「助產士受並於醫院、診所執業，仍應接受醫師指導始可
執行接生」的錯誤行政命令，在公文書上沒有以她的名義開立的出生證明，
但是實際上的接生經驗是相當豐富的，尤其是因台北護理學院附設醫院實施
產婦自待產、生產、產後恢復都在同一房間的「人性化的生產照護」措施，
所以有更多與產婦接觸及指定助產士接生的經驗，1994 年同時在私立長庚醫

　　也跟進。

〔註66〕詳訪談記錄助產士 B 及 J。

學院護理系在職進修取得學士學位，2000 年國立台北護理學院成立護理助產研究所碩士班，她即進入深造。今（2004）年她通過台灣第一次助產師考試，成為台灣第一批「師」級的助產人員，她認為助產工作責任重大，一般正常產助產士固然可以處理得很好，尤其助產士全程陪產，讓產婦在整個產承受到的貼心服務是一般醫院無法相比的，但是若遇緊急狀況，後送的支援系統必須非常暢通，從分娩的突發狀況考量，她認為助產士單打獨鬥的開設助產所風險還是很大。

　　基本上她認為助產人員的照護方式是最好的正常產接生者，但是不可諱言助產所的設置實在不足以應付生產時可能遇到的危機，她很謙虛的說：因為要保障產婦、胎兒的安全，所以她不選擇去開助產所，她認為理想的制度是：助產人員在醫院成立「聯合生產中心」，正常產由助產人員全權負責，遇到緊急情況有暢通的醫療團隊做後盾，這樣可以兼顧「人性化生產」及「保護產婦胎兒安全」雙重考量〔註67〕。

　　從這些助產士的訪談中可知：日治時期的產婆與戰後台灣培養出來的助產士比較起來，去產婦的家接生，如無產婦的家人、親屬充當助手，產婆多數需獨自面對產婦、新生兒，遇到難產，產婆需視情況判斷要自行解決或延請醫師處理，產婆留在產婦家的時間至少二小時，即便是產婆到時嬰兒已經分娩出來，產婆還要留下觀察產婦是否有產後出血狀況。最多可能要留在產婦家十幾個鐘頭。若產家不肯放人，可能留更久，而自發展出「助產所」這一新的生產空間，助產士有熟練的助手，從產前檢查、陪產，嬰兒生出，助產士斷完臍，由助手幫嬰兒洗澡、護理，產後看護產婦的狀況，助產所中有慣用的設備和器材方便助產士接生，並且可以做更嚴密的消毒，最重要的是助產士減少外出接生的狀況，節省了許多往返於路途的時間，助產士可以為更多的產婦服務。

　　筆者亦訪問了 8 位婦女談她們生產的經驗〔註68〕：她們都是自然正常產，從她們的生產經驗回憶，她們將懷孕、生產和產後坐月子連成一整段時間記憶，生產時的痛讓她們記憶深刻，所以產痛時有無人陪伴、安慰她們認為是很重要的，當孩子終於出世，她們都覺得鬆了一口氣，所以接生者如果給她們「補肚」、「壓腹」，她們都覺得很溫馨、貼心。產後回家，因為坐月子不碰

〔註67〕助產士 J 比其他 9 位助產士年輕許多，筆者只是希望以她的想法與其他人做一個對照。
〔註68〕詳第四章產婦訪談。

水的習俗，如果有人能幫嬰兒洗澡，她們會倍感親切，反之，則覺得自己命苦，坐月子還要操勞。按照這些原則，她們選擇接生者通常是經親戚、熟人介紹或是在家附近、接生技術老練、服務親切最重要，接生者的資格，她們並不太在意，認為助產所和婦產科診所相差不遠。

第三節　助產所的技術

本節擬討論，助產所這個新的生產空間的誕生，給助產技術帶來的改變。

正常產的產婦或許會覺得助產所和婦產科診所相差不遠，筆者從訪談得知造成這種觀感的原因有以下七點：

一、正常產，產婦順利分娩嬰兒，助產士與醫師處理的方式並無差別，在診所陪產的並不是醫師，而是診所的護佐或醫師娘，在助產所陪產的是助產士或助產所的助手，以「專業資格」看，助產所在陪產人員上，甚至勝過診所。

二、無論日治時期的產婆規則或是國府領台之後的助產士法，基本上「正常產歸助產士，異常產歸醫師」的分工是沒有改變的，所以助產士除了幾樣如剪斷臍帶、縫合會陰的器械外不能使用外科、產科器械器械。除了急救用的針劑外，也不能對產婦施以針劑。但是正常產通常這些器械、針劑都無須使用，助產士還以「保護會陰」為第二產程的主要任務，因此會陰撕裂的機率大大減少，如有裂傷，除非撕裂嚴重，助產士也會進行會陰縫合；反觀醫師通常會進行會陰切開術，相形之下在助產所生孩子還有機會免除會陰切開、縫合的痛苦。

三、胎位不正：當產婦的胎位不正，照「正常產歸助產士，異常產歸醫師」的分工，應該將這情況的產婦轉給婦產科醫師處理，但是在日治時期，產婆外出接生，遇到這種情況，在醫師無法立即趕到或甚至根本請不到醫師的情況下，產婆仍然要為產婦接生，這項技術需要靠豐富的接生經驗，將臀位、足位的胎兒調整到合適的角度娩出〔註69〕。她們稱這種情況為「異常中的正常」〔註70〕，依然能夠應付。戰後的助產士也以這種原則處理臀位與足位的案例，她們累積胎位不正接生經驗，發展出熟練的技巧，而婦產科醫師若不進行剖腹手術，為臀位、足位胎兒接生，其技術未必比得上助產士。

〔註69〕安藤畫一《產婆學》。
〔註70〕吳嘉苓。

　　四、分娩遲延；產婦若因產程延長過久而精疲力竭、不能有效用力、產婦心或肺病及產中感染，或胎兒臍帶脫垂、胎盤早期剝離及胎心率型態不好，為了促進胎頭下降，或將胎頭從枕後位或枕橫位轉到枕前位，醫師會使用產鉗或真空吸引器助產婦一臂之力。產婆、助產士原則上是不許使用產鉗，及外科、產科器械，但是如前所述，產婆在需要時會使用產鉗接生，而據筆者訪談的助產士們比較少用產鉗，而以真空吸引器替代，平時真空吸引器功率調低作為吸嬰兒口鼻羊水使用，接上真空杯，調高功率，就可以吸附在胎頭，間歇運用吸力，就可以促進胎兒娩出。吸羊水是必備程序，助產士們認為使用真空吸引器並不違法，過去外出接生無法攜帶真空吸引器，設立助產所後，真空吸引器成為必備器材。

　　五、子宮搔爬術：遠在優生保健法施行以前，台灣的婦產科醫師已在幫婦女進行子宮搔爬術墮胎、節育〔註71〕，但是助產士或產婆是絕對被禁止施行墮胎手術的，助產士法規定助產士若犯墮胎罪確定，即被撤銷助產士資格〔註72〕。但事實上，助產士也為婦女做墮胎手術〔註73〕，這是違法的行為，也有相當危險性，所以部分助產士說她們從不做墮胎手術，有幾位表示她們會在評估可行後才會做。

　　六、剖腹產：助產士在助產過程中評估產婦必須進行剖腹產，以維護產婦胎兒安全，但是助產士是不能也不會進行剖腹手術的，必須由醫師來執行，過去交通不如今日方便，緊急的剖腹手術，通常是延請醫師到助產所來進行，由於大多數的助產士都受過護士訓練〔註74〕，助產士立即轉變為護士，可以協助醫師動手術，助產所的產房也就轉變成開刀房。筆者訪問的幾位醫師，他們的診所聘請的助手，通常是「護佐」〔註75〕，因此從施行手術的醫療團隊的資格看，醫師在助產所中施行手術有助產士擔任助手，反而比在診所施行手術只有護佐助手更專業。

　　七、輸卵管結紮：六〇年代中期台灣官方開始進行大規模的家庭節育計畫，其中輸卵管結紮手術被認為是最有效的避孕措施，產婦認為不需再生育，

〔註71〕傅大為。
〔註72〕助產士法。
〔註73〕筆者訪談的助產士表示她們也會婦女要求做墮胎手術，但是因事涉違法，她們均要求筆者不可以透露姓名。
〔註74〕詳本章第一節，產護合訓班。
〔註75〕即非合格護士或助產士。

有部分就會進行輸卵管結紮手術，她們會在生產後一到數日進行手術，然後可以趁坐月子的機會進行修養，如前一節的助產所訪談中可得知，婦產科醫師有時會應助產士之要求，在助產所中爲產婦做輸卵管結紮手術。

事實上助產所的產房功能以接正常產爲主，臨時急救勉強可以，但是作爲開刀房，其設備是不足的，而剖腹手術、及輸卵管結紮手術都是需要經麻醉後開刀，主持這兩項手術的必須是醫師，助產士充其量只是助手，因此助產所與婦產科診所相比僅有助產士做爲醫師助手可能比診所護佐擔任助手稍佔優勢外，其餘助產所產房的消毒、麻醉、輸血、急救等設備均未達醫院開刀房的規格。一般診所由一位婦產科醫師主持，麻醉未必有麻醉專科醫師擔任，也沒有專屬血庫，所以助產所與婦產科診所不相上下。但是當婦產科診所逐漸增加設備，而礙於「助產士不得執行醫師業務」的規定，助產所的競爭力即快速衰退。當各地綜合醫院、區域醫院、教學醫院紛紛設立，醫院中聘請的合格護士增加，助產所作爲施行手術的空間完全不敵醫院。而子宮搔爬術的墮胎手術，在優生保健法通過後，婦產科醫師可以合法實施，助產士則是從未被法律允許可以從事這項手術〔註76〕，助產所的功能又減少一項。助產所與婦產科診所的差別顯現。

助產所被法律限定爲專做助產業務的空間則是到1985年助產士法作了大幅修改。1985 年助產士法修法前，在法律上並未有「助產所」這樣的機構存在，可是1985年新修訂的助產士法已將「助產所」的法律地位明確訂出，其目的是要「維護國民健康，並避免其執行業務時，有犯密醫行爲，嚴格管理助產士從事助產及婦幼保健業務並制裁非助產士從事助產業務」〔註77〕。政府此舉意欲將無執照的接生業者完全杜絕，同時也規範助產士不得從事助產及婦幼保健業務外的醫療行爲，否則就是違反醫事法，屬於密醫行爲。

助產所的設置使助產士減少奔波跋涉的時間，增加服務人數，在技術上也因爲服務機會增加累積更多的經驗而精進。而器材的添置，讓接生更方便。

比較助產所設備與產婆的接生器具可發現新增的設備有：

〔註76〕助產士法第六條：有左列情勢之一者，不得充助產士。其已充助產士者，撤銷其助產士證書。第二款：曾犯墮胎罪經判決確定者。

〔註77〕衛生署長許子秋說明修法原因　立法院公報　第74卷、第三十九期　院會記錄，頁38。

產房、觀察室、觀察床、嬰兒床、產台、高壓蒸汽消毒鍋、成人及
嬰兒體重計、成人及嬰兒身高測量計、眞空吸引器、嬰兒保溫箱、
尿糖、尿蛋白、血色素簡易檢查器材、會陰縫合器材、甦醒器及氧
氣設備、開口器及拖舌鉗、靜脈點滴設備。

除了眞空吸引器與嬰兒保溫箱不是法律規定必備，其餘都是法律規
定助產所設置時必須具備的設備、器材。

以高壓蒸汽消毒鍋、產台、眞空吸引器、保溫箱四項設備為例：

日治時期，產婆到產婦家接生，工具因為要隨身攜帶，都比較輕巧、精
簡，雖然很重視消毒，但是礙於實際設備，只能以煮沸法及消毒劑消毒。但
是有固定的場所接生後，增設高壓高溫蒸汽消毒鍋，可以做更周全的消毒。
生產時不再只有消毒產包，而是從產台、產包、產婦的腳套、襯墊用的紙、
嬰兒澡盆、都可進行更完備的消毒。

產婆到產婦家接生，必須遷就一般床的高度，助產士要彎腰或跪坐在床
上〔註 78〕為產婦檢查或接生。體力負荷比較大。有了產台，助產士可以視需
要調整產台的高度、長短，作業較方便。在產婦家為嬰兒洗澡也多採蹲踞的
姿勢〔註 79〕，在助產所則可站立，無須彎腰、蹲踞。

眞空吸引器的引進除可方便吸除嬰兒口、鼻羊水、黏液外，更取代產鉗，
以眞空杯吸引胎頭，加速嬰兒娩出。

嬰兒保溫箱有溫、濕度調節和氧氣設備，對搶救早產兒功效很大。

這些設備都是產婆無法攜帶到產婦家的，助產所設置之後助產士使用它
們，為產婦、嬰兒提供更多安全保障。

日治時期產婆接生時奉行的消毒、保護會陰等必備技術，在戰後依然被
延續。有了新器械的幫助，助產士的技術更加精進，助產所的設置使助產士
減少外出接生，減少三更半夜奔波跋涉於途之苦，在減輕體力的負擔，提高
人身安全的保障。這個新的生產空間的誕生，拓展了助產士的執業空間。助
產所可說是台灣戰後發展出來獨特的助產機構，它提供助產士獨當一面執業
的機會，也改變產婦在家生產的習慣。然而開設助產所助產士必須獨自承擔
的風險也不小，面對產婦、嬰兒安全繫於一身重大的責任，助產士的壓力不
可謂不大，筆者訪問的助產士中每一位都同意助產工作需要全神貫注，無論

〔註 78〕詳附錄照片（12）。
〔註 79〕詳附錄照片（13）。

產前、產時、產後每一個環節都不可輕忽，助產是長時間的精神緊繃工作，精神和體力的負擔都很大。此外設立助產所所需投資的經費龐大，經營助產所還需處理助產技術之外的事務如：管理、交易、公關、稅務、法令、廣告等，個人實在無法負荷，觀察筆者訪談的幾個助產所，單純助產所以婆媳、妯娌、母女共同經營的助產所成績較好〔註 80〕，單打獨鬥時代已經過去。個別的助產士考慮經費、風險，願意投入開設獨立助產所的意願不大。1985年助產士法修正，對開設助產所取得法律上的地位，政府對助產士開設助產所採取嚴格的限制及管理，開設助產所的數量反而逐年下降，到今（2004）年全台灣與健保局特約的助產所只剩下 23 家〔註 81〕每年接生數不到 0.1%。面對超過 99% 的產婦選擇到醫院、診所由醫師接生的既成事實，助產界是如何因應？筆者將在下一章討論。

〔註80〕　筆者訪談到幾位執業助產士是與婦產科診所結合，助產士與婦產科醫師是夫妻。

〔註81〕　詳中央健保局網站：http://www.nhi.gov.tw。

第四章　台灣助產士在接生者
　　　　歷史中的地位

　　分娩是婦女疼痛、受苦和流血的時刻，伴隨著死亡威脅的流失體液的危
險始終存在，面對分娩這個時刻，無人能替代的陣痛，女詩人陳秀喜〔註1〕的
詩作「初產」〔註2〕，細膩的描述生產過程的痛楚：

　　如爆發前的火山

　　子宮硬要擠出灼熱的溶岩石

　　陣痛誰能替代？

　　兩條生命只靠女人的天性

　　醫生和助產士不過是

　　振作精神的啦啦隊

　　心欲不如一死

　　她忽然憶起

　　媽曾說過：

　　「結婚就是忍耐的代名詞」

　　如爆發前的火山

〔註1〕陳秀喜女士，1921年出生於新竹市，是新竹早期詩人，曾出版《覆葉》、《樹
　　　的哀樂》、《灶》、等三冊中文詩集和一冊詩文集《玉蘭花》，在台灣詩壇平價
　　　及聲譽極高。

〔註2〕李魁賢主編，《陳秀喜全集　詩集一》，新竹市立文化中心出版，1997，頁
　　　74。

子宮硬要擠出灼熱的溶岩石
痛苦的極點她必須和子宮合作
忍耐疼痛
忍耐灼熱
忍耐最長的一刻

火山終於爆發
到疲困已極她才體會
「結婚就是忍耐的代名詞」

初產的母親心內喚著媽！
感恩的淚珠從眼睫流下
她以淚珠迎晨曦

這首「初產」的發表日期不詳，但是收在陳秀喜 1971 年出版的詩集「覆葉」中，詩人描繪陣痛時的無助──「兩條生命只靠女人的天性」，「痛苦的極點她必須和子宮合作」，因為「陣痛誰能代替」，雖然周圍有醫師和助產士，也只是「振作精神的啦啦隊」。在前面幾章筆者討論了從日治時期到戰後的產婆/助產士的技術和接生場所，可以看到國家、政府大力介入女人生孩子的事，文獻中也記載了許多的規定、技術，可是對詩人而言「醫師和助產士」還只是生產時的「啦啦隊」。台灣自日治時期殖民政府引進西式產婆協助婦女生產，到詩人寫這首詩時至少五、六十年，詩人仍有這樣的感受，筆者好奇，其他婦女作為生產的主角──產婦是怎樣看助產士的？進而我想探究歷史上其他的「生產啦啦隊」與本文所探討的助產士/產婆有什麼異同？

若是要探討所有人類生產的行為，絕非一篇論文可以完成，筆者也絕無這種能耐，本文只就中國古代典籍、醫書、小說等文獻中搜索歷代的接生者們，一窺中國古代接生者的工作情形，拿來與台灣的接生者做比較。選擇中國的接生者，是由於自 1662 年鄭成功攻佔台灣台灣、1663 建立東寧王國以來，大批中國移民進入台灣，1684 年四月台灣正式被併入中國版圖，雖然清政府對人民移入台灣有種種限制，但這些移民仍自認為中國人，甚且到 1895年，台灣被割讓給日本，台灣官紳不服，雖成立「台灣民主國」仍堅持「恭

奉正朔，遙做屏藩，氣脈相通，無異中土」〔註3〕，可知台灣經過清政府兩百餘年的統治，島上居民大多已經認同中國。筆者相信在西式產婆引進台灣前，台灣的接生者與中國的接生者有一定程度的相同。

　　然台灣地處海外，島上居民種族複雜，傳統接生者──先生媽與中國本土接生者──穩婆或有差異，這部分筆者除了翻尋文獻之外，引用台灣民間「歌仔冊」，從其中搜索。另外筆者訪問了10位產婦〔註4〕，希望從她們回顧親身經驗中觀察，她們是如何看待在歷經生產的折磨時，協助她們的人。試圖為台灣的助產士們尋找她們與歷來的接生者相同或不同之處。

　　產婦獨自生產的情況是存在的，但是大多數的婦女在分娩時會有人幫忙接生。接生者在不同的時代有不同的稱謂，「吳越之間謂之穩婆，江淮之間謂之收生，徽寧間謂之接生婆」〔註5〕，在明末小說《金瓶梅》中稱「老娘」〔註6〕，其中以稱「穩婆」最普遍，她們的地位低下，朱熹在朱子治家格言中即有「三姑六婆實淫盜之媒」〔註7〕，其他醫書也對穩婆沒有好評。台灣話生產叫「生囝」〔註8〕、接生叫「卻囝仔」〔註9〕，日治以前的台灣接生者的名稱很多種：如：接生婆、卻囝母〔註10〕、卻囝婆〔註11〕、拾子婆〔註12〕、扣姉〔註13〕、卻姉〔註14〕、拾鳥媽〔註15〕、先生媽〔註16〕、先生娘〔註17〕等多種叫法，不過通常當面都尊稱她為先生媽、先生娘。在一般鄉鎮裡，大部分人家都認識她，因為很少有人家沒有請過她來接生的，所以一般人對

〔註3〕 1895年5月23日台灣民主國成立，總統唐景崧就任文告。
〔註4〕 詳附錄產婦訪談。
〔註5〕 續修四庫全書子部醫家類達生編上卷十一，頁104。
〔註6〕 見金瓶梅第卅回及七十九回。
〔註7〕 朱子治家格言有：「三姑六婆，實淫盜之媒」句。三姑六婆指：尼姑、道姑、卦姑、媒婆、牙婆、虔婆、穩婆、巫婆、藥婆。
〔註8〕 洪惟仁《台灣禮俗語典》1986，頁10 囝：集韻：「閩人呼兒曰囝」。
〔註9〕 洪惟仁《台灣禮俗語典》1986，頁11 卻：拾也、獲也，「卻囝仔」猶言「獲子」，本無字，此借同音字。
〔註10〕 同上，頁7。
〔註11〕 同上，頁7。
〔註12〕 台灣舊慣習俗信仰，頁105。
〔註13〕 見歌仔冊，「大舜出世歌」。
〔註14〕 扣與卻音近即撿拾的意思，「姉」為日文「姉」。
〔註15〕 中國生育禮俗考，頁136。
〔註16〕 台灣文獻叢刊，臺風雜記，頁28及台灣慣習記事，頁35。
〔註17〕 王灝撰文，梁坤名版畫，1992，《台灣人的生命之禮》，臺原出版，頁50。

先生媽都十分尊敬〔註18〕。日治時期，殖民政府為降低嬰兒死亡率，培養以西方醫學知識訓練出「產婆」、「助產婦」，她們的社會地位大大提高，幾乎可與女教師、女醫師相提並論〔註19〕。國府來台後接生者改稱為「助產士」，去年（2003年）助產人員法修訂，今（2004）年台灣有了第一批「助產師」，這些不同名稱的接生者最大的相同點是：她們全都是女性。他們的社會地位也因時、地不同而改變，在這章中筆者想藉由傳統中醫書籍、小說台灣民間歌仔冊、和訪談產婦生產經驗探討接生者社會地位的變遷。

第一節　從中國穩婆到台灣先生媽

漢人社會重視宗桃血脈傳承，卻又視經產血為污穢不潔〔註20〕，生育遂成為重要卻隱諱的私領域事件。在過去的小說、戲曲、文獻中對女人懷孕的情形，應該遵守的禁忌有諸多描述，分娩完，坐月子、養孩子的各種儀式〔註21〕、唯獨分娩的這一段時間除了醫書中一些因應難產的方法外，幾乎是空白的，其描述不外是：懷孕的女人肚子痛，不一會兒聽到嬰兒哭聲就完成分娩。對於接生者的描述更少，例如：《禮記》，這是規範中國古代讀書人生活的經書，其中〈內則〉記載：

> 妻將生子，及月辰，居側室，夫使人日再問之，作而自問之，妻不
> 敢見，使姆衣服而對。至於子生，夫復使人日再問之，夫齊，則不
> 入側室之門。子生，男子設弧於門左，女子設帨於門右。三日，始
> 負子，男射女否。……三月之末，擇日而剪髮鬒，男角女羈之，否
> 則男左女右。是日也，妻以子見於父，貴人則為衣服，自命士以下，
> 皆漱舍瀚，男女夙興，沐浴衣服，具視朔食。夫入門，升自阼階，
> 立於阼西鄉，妻抱出房，當楣立東面。

這段文字的大意是：妻子將要臨盆時就要搬離平時居住的臥室而住在側室，丈夫除了一天兩次派人問候自己也會親自來問候，可是妻子因為沒有修飾打扮，不敢隨便出來見丈夫，孩子出生之後，丈夫一樣每天派人問安兩次，如

〔註18〕同上，王灝並未註明出處，可能是王灝的兒時印象。

〔註19〕游鑑明，〈日據時期台灣的產婆〉《近代中國婦女使研究》第一期（台北中研院近史所，1993年6月）。

〔註20〕翁玲玲。

〔註21〕禮記內則即記載的非常詳細。

果遇到丈夫因為要參加祭禮而齋戒的時候，則丈夫不能進入側室之門，因此不能親自問安。如果生的是男孩子，就在門的左邊掛一張弓，如果生女的，就掛一條佩巾在門的右邊，過了三天才抱嬰兒出房門，生男孩就行射禮，生女孩就不舉行。孩子初生三個月滿，擇定吉日為孩子剃胎髮，妻子才帶著孩子和丈夫見面。而卿大夫們也沐浴更衣來祝賀……。

　　《禮記》是中國古代讀書人的生活規範，這段文字透露出古人對生產的重視，然而對產房的忌諱從生產前到產後三個月之久，至親如丈夫、父親，若在齋戒期連產房都不能進，其中完全未提及接生者，難道漢代以前的婦女都是獨自生產的嗎？文獻中找不到並不表示不存在，從漢唐時期醫書中提及面對生產大事，人們在入月、分娩、產後都有因應之道，其中助產者出現了，雖多為負面，但是助產者是存在的，只是面目模糊〔註22〕，南宋婦科名醫陳自明在其所著《婦人大全良方》醫書中，於〈妊娠門〉、〈坐月門〉之後，特立〈婦人難產門〉一卷，列舉造成難產的原因，其中第四項：「助產之人太過性急，致令胞漿先破，產道乾澀」第五項：「生產時間稍久，用力太過，產母困睡，抱腰助產之人疏忽，致令坐立傾側，胎死腹中」〔註23〕。可見至少隋唐時期已有助產接生之人存在，由於她們無文字流傳、記載接生技術，只有由極少直接參與生產的男性來描述她們，這些接生者沒有自己的聲音，她們的形象大部分是負面的。

　　筆者轉而搜尋古典小說中的接生者，樊梨花、穆桂英這種女英雄在陣前產子，當然看不到穩婆，其他小說中提到穩婆的也不多，《三言二拍》等中提到穩婆時只是一個名詞，或是擔任「女仵作」，為官府服務，檢驗官司中的女性身體。如《聊齋》中穩婆出現過幾次，但全無接生過程的描述，其中一則「毛大福」有提到穩婆為狼接生，得到狼的感恩回報。《西遊記》中出現過一次，《西遊記》第53回，唐僧師徒一行來到西梁女國，唐僧、豬八戒誤喝子母河水，以致有身孕，豬八戒肚子疼，「扯着行者道：『哥哥！你問這婆婆，看那里有手輕的穩婆，預先尋下幾個，這半會一陣陣的動盪得緊，想是摧陣

〔註22〕隋唐時醫書如《巢氏諸病原候論》卷43〈婦人難產病諸論〉：《千金方》卷3〈產難第五〉：《外臺秘要》卷33〈產乳序論〉等論及難產，多從觸犯禁忌，或從助產之人護理失當立論，對助產之人多有指責。
〔註23〕陳自明，《大全良方》卷17〈產難門　產難論第一〉。
陳自明生卒之年不詳，唯因書前有其於南宋理宗嘉熙元年所作之自序，推斷其時代。

疼。快了，快了！』」其實穩婆沒有真正出現，只是豬八戒要求要找「手輕」的穩婆，而且還要幾個。其他小說如《紅樓夢》，王熙鳳曾小產，引起闔家驚慌〔註24〕。尤二姐誤食虎狼藥，已致打下已成形男胎〔註25〕，但都沒看到「穩婆」。包括貍貓換太子，也只有太監、宮女服侍妃子生產，沒有看到穩婆。日斷陽夜斷陰的包拯最後只能用計審太監郭槐，沒有傳穩婆作證。

意外的在明末小說《金瓶梅詞話》中，卻有兩段描述分娩，分別是西門慶的第六房妾李瓶兒和正妻吳月娘生孩子，接生的都是蔡老娘〔註26〕，金瓶梅卅回：李瓶兒不舒服沒參加家宴，丫嬛來報告說她肚子疼，眾人還弄不明白是生病還是要臨盆，直到聽說疼的在床上打滾，才慌忙叫人去叫接生婆，這老娘非常有自信，她解釋遲來的原因並且自誇道：

> 我做老娘姓蔡　兩隻腳兒能快　身穿怪綠喬紅　各樣髻鬏歪戴　嵌絲環子鮮明　閃黃手帕符擺　入門利市花紅　坐下就要管待　不拘貴宅嬌娘　那管皇親國太　教他任意端詳　被他褪衣刖劃　橫生就用刀割　難產須將拳揣　不管臍帶包衣　著忙用手撕壞　活時來洗三朝　死了走的偏快　因此主顧偏多　請的時常不在

這老娘來到西門慶家先向主人家磕頭，然後才去看產婦，蔡老娘摸了摸李瓶兒即宣布：「是時候了」，於是問吳月娘是否預備了繃接〔註27〕草紙，李瓶兒沒有預備，大老婆吳月娘教丫頭去自己房裡取先前準備的「臨月用的物件」，小孩生下來，

> 蔡老娘收拾孩兒，咬去臍帶，埋畢衣胞，熬了些定心湯打發李瓶兒吃了，安頓好孩兒停當，月娘讓老娘後邊管待酒飯，臨去西門慶與了他五兩一錠銀子，許洗三朝來還與他一疋段子，這蔡老娘千恩萬謝出門。

當小孩呱呱落地時

> 蔡老娘道：對當家的老爹說討喜錢，分娩了一位哥兒。吳月娘報與西門慶，西門慶慌的連忙洗手，天地祖先位下，滿爐降香，告許一百二十分清醮，要祈子母平安，臨盆有慶，坐草無虞。

〔註24〕《紅樓夢》第 54、55 回。
〔註25〕《紅樓夢》第 69 回。
〔註26〕《金瓶梅》中的接生婆稱為「老娘」。
〔註27〕繃：束兒衣也，《漢書》宣帝紀：「雖在襁褓」注：「褓」即今之小兒繃也。」

當天西門慶就進房去看孩子，當晚就在李瓶兒房中歇息，第二天就到處送喜麵告知親戚鄰里，然後託媒人僱奶媽。第七十九回：西門慶病危，吳月娘忙著張羅棺材的事，忽然就肚子疼了，她進房裡倒在床上就昏迷不省人事，孟玉樓和李嬌兒知道了就打發小廝去請蔡老娘。孟玉樓守著吳月娘，月娘陣痛漸緊，蔡老娘才來，

> 「登時生下一個孩兒來」。

> 蔡老娘收裹孩兒，剪去臍帶煎定心湯與月娘吃了，扶月娘煖炕上坐的，月娘與了蔡老娘三兩銀子，蔡老娘嫌少，說道：「養那位哥兒賞了我多少，還與我多少便了，休說這位哥兒是大娘生養的。」月娘道：「比不的那時，有當家老爹在此，如今沒了老爹將就著收了罷，待洗三來，再與你一兩就是了。」那蔡老娘道：「還賞我一套衣服兒罷。」拜謝去了。

在這兩段描述裡，我們可以看到：蔡老娘是個穿著奇裝異服的婦女，具有處理難產的技術，對於可以任意端詳、刖劃身份高貴的產婦覺得非常得意。仗恃著接生的技術，她可以要求報酬，而且她還懂得「趨吉避凶」，如果孩子死了她便溜之大吉，若是孩子活了，她便來洗三朝，再賺一次。產婦開始陣痛，而且痛得很厲害了（在床上打滾、昏迷不省人事），才由家人去請接生者來家裡，接生者透過觸摸方式知道產婦是不是即將臨盆，分娩要使用的物件——草紙、緶接、小褲子是由產婦自行準備的，孩子生下來，接生者將臍帶剪（咬）斷，埋好胎盤，清理收拾好嬰兒，煎定心湯給產婦吃，扶產婦上煖炕，等過三天還要來為嬰兒洗澡。分娩的過程中，產婦一直有家裡的女人陪著，男人不進產房，但是生完後並沒有不進月內房的禁忌，接生者的酬勞是隨主人的意思給付的，可以討價還價，也會隨產婦的身份改變，接生斷臍付一次錢，三朝洗兒再付一次，酬勞不一定是銀兩也可以是衣服布匹。蔡老娘斤斤計較唯利是圖的嘴臉鮮活的呈現在讀者面前。

《金瓶梅》中另外一個人物也會接生，那就是形象更壞的王婆〔註28〕，歷來小說、戲曲對三姑六婆都沒有好評語，而這些在社會底層的「職業婦女」因為無法將技術書寫、流傳下來也無法替自己辯駁，遂被抹黑成「淫盜之媒」。到清代醫書諸如沈金鰲撰《婦科玉尺》六卷、《竹林四女科秘傳》、亟齋居士

〔註28〕《金瓶梅詞話》第二回「又會收小的、又會抱腰」。

撰《達生篇》二卷、閻純璽撰《胎產心法》三卷、唐千頃撰葉灝增訂的《增廣大生要旨》五卷等甚至在其中叮囑產婦絕對不可輕信穩婆的說法〔註29〕。認為難產都是因為「無知穩婆」讓產婦太早臨盆所致，遇到難產如倒產、橫產皆歸咎給穩婆，〔註30〕《竹林寺女科秘傳》直言產婆是「無書傳、無師授，此理毫無所知，往往多執己見，一進門來不問遲早，便令坐草，催其用力，或揉腰、或擦肚，或手入探摸，多致殞命，可不謹哉。」〔註31〕，李貞德曾嘗試介引西方婦產科學史的性別議題加以檢討，認為醫者多為男性，其實甚少直接參與生產，頂多在難產時才被請來，因此醫者指責女性助產者造成難產之說或許只能當作參考。醫者對女性助產者能力的評估是否公允，遂成為婦產科學史中的懸案〔註32〕。

　　事實上傳統中醫對產育之事的知識不足，宋代傳世的醫書中，固然已以藥物為主，然各種神殺之說卻也仍然備載其中，對於產婦生產時應穿衣服的顏色、與床帳的宜忌方位、胞衣的埋藏方位、鋪草及氈褥時所用的「禁草法」咒語、潔淨生產用水的「禁水法」咒語，還有各種催產的「靈符」〔註33〕，

〔註29〕唐千頃撰葉灝增訂的《增廣大生要旨》卷三　臨產　「或問穩婆總究該用否？曰既有此輩亦不可不用，但要全憑自家作主，不可聽命於彼耳，大抵此等人多愚蠢不明道理，一進門來不問遲早便令坐草用力，必定說孩頭已在此，或揉擦腰擦肚或手入產門探摸，多致殞命，更有狡惡之輩不肯安靜，故做哎呀之聲以逞其能，欲索重謝，以致產母驚疑，害尤不可言。」

〔註30〕亙齋居士撰《達生篇》上卷：「無論遲早，切不可輕易臨盆用力，不可聽穩婆說孩頭已在此，以致臨盆早了，誤盡大事」。

〔註31〕《竹林寺女科秘傳》穩婆：產婦臨盆必須聽其自然，不宜催逼，安其神智，不使驚慌，直帶瓜熟蒂自落矣。故用產婆必須擇老成忠厚者，預先囑之，及至臨盆，務必從容鎮靜，不得用手法催逼，世之穩婆催逼有二：有不知時候，唯恐後時者。有急完，此家復往彼家者。每因勉強試湯分之，掐之、逼之使下，多致小兒頭身未順，而手足先出，或橫生或倒產，為害不少，若痛陣未緊，眼無金花，手指中節未跳動，產門穀道未挺迸，切不可令其坐草。又或有生息不順及雙胎未下之類，俱宜穩密安慰，不可令產母聞知，恐驚則氣散，愈難生下。又有一等詭詐奸滑穩婆，故做哼訝之聲，或輕事重報，以顯己能，以圖厚謝，以致產婦驚疑，為害不淺。又有狡猾穩婆，意欲害人，私以手指掐破胞衣者，極宜預防。總之全憑自作主將，不可專意聽信。蓋此輩無書傳、無師授，此理毫無所知，往往多執己見，一進門來不問遲早，便令坐草，催其用力，或揉腰、或擦肚，或手入探摸，多致殞命，可不謹哉。

〔註32〕李貞德，1978，〈漢唐間醫書中的生產之道〉《中央研究院歷史研究所集刊》，頁 572～574。

〔註33〕《太平聖惠方》卷 76、卷 77；陳自明，《婦人大全良方》卷 16 皆載。《衛生家寶產科備要》則將入月安產圖、體玄子界地法、禁草法、禁水法等咒語列

遇到難產，醫者除了求助神祇，就將責任推給實際接生的穩婆或產婦本身觸犯禁忌〔註34〕。醫書中介紹因應各種難產的湯方、藥劑，最後還有符咒，要產家在藥方無法奏效時給產婦最後的搶救。

除了上述藥劑、符咒，也有「手術」，例如：胎兒橫生，手先露出，醫書中的處理辦法是：取鹽抹在嬰兒手心，將胎兒的手塗麻油，輕輕將胎兒手推回。其他諸如坐產、到產、盤腸產、胎衣不下……等症狀，都有類似因應之道，但是醫者本人礙於男女大防，無法親自執行，全部交給穩婆去做〔註35〕。

選擇產婆的標準根據《胎產心法》記載：「穩婆宜加選擇須知：凡孕婦臨產，當選年高有經識及純謹婦女一二人扶持倘誤用無知孟浪婦女收生，不審查是正產與轉胎，一見腹痛亂將雙手摸孕婦腹上，夾腹兩邊重按，欲其直下以免橫生，此第一誤人性命者。」《增廣大生要旨》則記載「穩婆只宜一人入房不可多喚，反致混鬧有誤，凡用穩婆須擇老成忠厚者預先囑託，及至臨盆務必從容安靜，千金曰：夜半覺痛，日中則生，可知時至自然分娩，不得用法催逼。」因為醫者將產婆定位為僕傭，自然地位低下。穩婆的工作是：「使之接兒落地，收生上床耳」〔註36〕，然而穩婆當然不只做這兩樣事，遇到難產時各種措施均需藉穩婆之手施行。所以穩婆只需要「年高、純謹、老實、安靜」就夠了。於是醫者、穩婆、與產婦間的關係是互相需要卻互相不信任的，醫者鄙視穩婆，但其本身仍有技術的限制，必須求助神、巫。穩婆自有一套接生方法，無論醫師如何呼籲，仍然施之於產婦。

根據 Charlotte Furth 研究〔註37〕，明末有中醫對穩婆的技術表示肯定的聲

在第一卷。閻純璽撰《胎產心法》卷中　臨產避忌須知：凡孕婦臨產之月不可洗頭濯足，犯者胎多難產，至若臨盆之際，凡係門、窗、箱、籠、瓶、甕之屬，俱宜鬆開，以及一切外來親戚並孀婦、閨女、喪孝、尼姑、與污穢不潔、或月經適至，或原有體氣婦女，皆足以觸胎致殃，俱宜防備避忌。俗忌多人知覺，蓋多一人入房則多一時遲延。唐千頃撰葉灝增訂《增廣大生要旨》卷三附列胎產靈符。

〔註34〕劉靜貞，1998，《不舉子——宋人的生育問題》，頁57～59。
　　　　又：閻純璽撰《胎產心法》卷中胎產臨產須知：穩婆不解此理，但見生遲頻頻試水，誤傷胎破，或風入產戶而成腫脹，或胎未至而產水先乾，分娩愈難矣。
　　　　「更有穩婆無知害人，私用手指，搯破水衣者，極須防範」
〔註35〕《十產論》、唐千頃撰葉灝增訂《增廣大生要旨》等醫書皆記載。
〔註36〕唐千頃撰葉灝增訂《增廣大生要旨》。
〔註37〕Charlotte Furth, A Flourish Yin. Calfornia,1999.

音出現，但那是極其少數的例外，一般而言中醫對穩婆大多是輕視、詆毀為多，一般人對穩婆雖依賴但是不尊重，視其為有專門技術的僕傭。

　　至於台灣的情況如何？漢人移民到台灣延續在中國的生活方式，因生活艱困，醫藥更不普及，求助神巫的情況更多。筆者訪問民間文史工作者郭雙富先生收集的數百本符咒書中，每一本都有安胎、催產的符咒，只是畫符作法成為道士、師公的工作。先生媽雖然不識字，但是她們將符刻在長條的木板上，遇到難產時以硃砂塗在木板上印出符咒，讓產婦吃下，先生媽也會唸咒為小孩收驚，有些先生媽握有祖傳秘方，可以救治產婦、小兒〔註38〕，在醫藥不普及的情況下，一般人本來就認定生產是危險的事，先生媽能在產婦最痛苦的時候給予幫助，因此得到尊重。

　　日治之前，台灣已經有西醫，起初是以傳道醫學為主，後來也有台灣人皈依基督教並且學習西醫，進而行醫。但是，對於當時的傳道醫，針對婦女病及生產等事，是否比傳統漢醫還有各地的產婆等要好很多，則似乎沒有太多討論。文獻的記載中可見的是，早期的教會女醫，曾得到不少女信徒的歡迎。男性婦產科醫師在當時台灣似乎是不可想像的。新樓醫院的委員顏振聲屢次提到「本島的婦人的生產很辛苦，不喜歡親近男醫師，寧願死亡，不肯受醫治。」這種情況一直延續到日本治台初期。〔註39〕婦女生產或自行接生或是請鄰居、親族中會斷臍的婦女幫忙〔註40〕，或是央請傳統的先生媽來家裡接生，當時婦女識字有限，因此鮮少有文字紀錄婦女的分娩情況，然而在台灣歌仔冊中，找到有描述分娩情形的情節，先生媽本來自民間，歌仔冊以白話口語書寫，希望能夠讓人傳唱是極民間的產物，應可從其中一窺當時人民生活樣貌。

　　在〈李三娘汲水歌〉中我們可以看到三娘獨自分娩的情形：

感覺腹肚真正痛　腰骨酸軟難得行　為君忍耐受艱難　未煞我全恁

先單　三娘磨房卜生產　好運母子朗平安　三娘福氣野真大　好命

人生就快活　出生用嘴咬臍帶　歹命都著惡兄嫂　不借腳桶甲剪刀

腹肚大痛當發作　暗中好得土治婆　總廣得土治媽　早早著來等

〔註38〕莊淑旂自傳
〔註39〕傅大為，2001，頁3
〔註40〕王灝，《台灣人的生命之禮》，1998，頁52。另筆者訪談產婦亦曾聽過由家人
　　　　（通常是婆婆）斷臍的。

　　到今　逞校三娘卜生子　來塊共伊鬥穿衫　一時腹肚大艱苦　囝仔

降世墜落塗　敢是神佛來扶助　順事乎我生查埔　歡喜我子來投胎

　嫂借桶剪也未來　今算劉家有後代　磨房無剪通返臍　一條來縛

恰贏無　用嘴來咬準加刀　下得平安上界好　不管兒胎下臭鯖　臍

帶縛甲眞正搭　呆命子生帶塗腳　縛好用嘴落去咬　可惜恁爹無在

家　不管臭鯖也污穢　無刀用嘴咬斷哇　磨房也無水通洗　利破衫

褲拭頭尾　身軀污穢拭了後　破衫提來共子包　心毒舅妗無行到

恁爹從軍未回頭……

李三娘被惡嫂嫂虐待，獨自在磨房生孩子，先感覺肚子非常痛，然後腰骨也
酸軟得令她站立不住，生孩子要用的器具腳桶和剪刀都沒有，只好用嘴來咬
斷臍帶，在這麼艱難的情況下能夠順利生下孩子，而且是男嬰，全都歸功於
李三娘「福氣大」和土地婆的幫忙。

　　另外《蔡端造洛陽橋歌　二》〔註41〕中也未見接生者。

　　且說花婆下代志　身孕十月*4 滿期　因　蔡福識八字　就塊看日

甲排時　花婆腹肚當塊痛蔡福想　乙直驚　申時出世狀元命　這存

那生乞食名　囝仔暫暫卜出世　蔡福菜刀夯一枝　對伊房內乙直比

　汝　忍耐到申時　腹肚痛甲眞干苦　一時囝仔生落塗　蔡福想甲

無法度　無彩閣來生查埔　拼命抱塊乙直走　*4 好卜倚甲城樓

囝仔已經開聲哭　姑不而終倒回頭　返來因某就皆問　咱子抱到倒

一方　簡下閣再抱倒返　省代對我說盡門　因為欠金　八字　你都

袂等到申時　那是抱到泉州市　出聲就　有根基　鐵是屬金　物件

　你都夯刀哄我驚　*4 好合伊八字命　得確袂條乞食名　蔡福听

了即明理　牽手你也識天機　某小心塊養飼　後日是卜映望伊　號

名蔡襄字端明　聰明伶俐兼正經　知影後來有路用　盡心教督塊牽

成　大漢送入書房去　骨力認眞讀詩書　也是一位下才子　歸腹肚

內全詩詞

這段是描寫一位懂八字命理的父親，在孩子沒出世前幫孩子排命盤，算出
「申時出世狀元命」，「這存那生乞食名」，所以要求妻子一定要忍痛熬到申
時，自己則拿把菜刀對著產房「乙直比」（不讓孩子來投胎？），可是產婦肚
子實在太痛了，孩子就生下來了，這時作父親的還要做最後的努力，他抱著

〔註41〕新竹　竹林書局/338 冊《蔡端造洛陽橋歌》/338 冊。

嬰兒，在孩子沒哭前，抱起孩子往「正確的」方向跑，可是嬰兒在他快到達「泉州市」時，嬰兒就哭出聲了，他只好失望的又抱著嬰兒回家，沒想到他老婆也是懂命理的，告訴他其實不用這麼麻煩，孩子雖然沒在申時出生而成為欠金的命，但是恰好因為父親拿了把刀，合了孩子的八字，所以孩子不會是「乞食名」啦！這中間沒有看見接生者，也許是丈夫在近旁，雖然沒有幫忙，整段文字中看不到李三娘汲水歌的悲情。

在花胎病子歌和大舜出世歌中出現專門幫忙斷臍的產婆，並且對產婆接生的細節作了詳細的描述：

> 十月倒治眠床內　人真干苦報君知　去請產婆來看覓　扣那明白通
> 返才　腹內团仔塊發作　央人共咱叫產婆　看娘束拔真煩惱　恨咱
> 小人腳手無　產婆來到講野無　团仔都野未翻胎　腹肚痛甲話袂説
> 下死都也無辨胚　產婆今來塊等袂　扣姊這个窗　第一看　打算
> 時間亦未到　不通思心目屎流　敢下為子無性命　阿君汝真不知驚
> 腹肚嬌絞僥倖痛　痛甲講話未出聲　廳頭清香燒三支　卜下正神
> 相扶持　是男是女緊出世　不通延踐遅校時　產婆共咱援腹肚　团
> 仔雖時生落塗　加再神明罩保護　不知查某亦查埔　一時听著团仔
> 聲　三步拼做二步行　入來看著即知影　想見替娘著一驚　產婆手
> 勢正實好　团仔出世威隨落　今生過手無煩惱　問君有水亦是無
> 今我來去捨燒水　手巾煞提做一堆　著洗恰袂奧遭鬼　緊共君仔伊
> 吩咐　衫著加包恰工夫　娘仔汝生頭上子　身軀洗好煞號名　實在
> 真水得人痛　团仔姓高名金城　团仔抱來治眠床　昨冥干苦到天光
> 就緊捨乎產婆返　伊伊塊咱歸冥方　紅包我包六百銀　恰袂乎人笑
> 雞孫　小可錢銀永無論　著恰什來共阮巡……

從這段的描述來看：產婦的肚子開始陣痛了，產婆才被請來，這位產婆被譽為「扣姊〔註42〕這個第一看〔註43〕」產婆的好技術，可以從幾個地方得到證明：首先是她一來就可以判斷產婦是否要生了，等到時候到了，產婆揉揉產婦的肚子，「產婆共咱援腹肚团仔雖時生落塗」，接著胎盤也順利的娩出「团仔出世威隨落」，這都是因為產婆的「好手勢」，嬰兒洗完澡，仔細包好抱來母親的床，辛苦了一晚上，總算告一段落，作丈夫的趕緊準備紅包給產婆，

〔註42〕扣姊養即卻姊。
〔註43〕第一看：最好的最厲害的。

感謝產婆整晚的辛苦相伴。產婆要回家前，還請求產婆要「著恰什來共阮巡」〔註44〕。雖然產婦痛得以為自己要死了，也去向祖先神明祝禱生產順利，這仍算是順產分娩的情況，大舜出世歌中描述大舜出世是就比較困難，算是難產或是產程較久的狀況。當然在其中產婆就扮演更重要的角色。

腹肚痛著人真虛　六舍听著因某報　物件全然食未落　腹肚那痛眠床倒　我央厝邊老阿婆　十四下哺起大痛　痛甲半步叨未行　厝邊阿姆真知影　敢是卜生哀大聲　六舍去到隔壁厝　緊央老姉名寶珠　因某得卜生長子　伊做產婆足工夫　珠觀听到這層代　捹捹好細甲伊來　相偬行入房宮內　曾氏干苦野塊哀　珠觀實在真分曉　腹內囝仔塊滾橇　痛甲手冷脈袂跳　六舍緊共插條條　珠觀出手直直武　便甲汗流歸身軀　按盞分踐即年久　明明考倒老工夫　舍娘暈去不知人　珠觀不識這號空　別人生子那眠夢　曾氏生子卜歸工　六舍香拜東西平　去下公媽甲神明　全望正神相保應　緊生通好報出生　囝仔內面直直令　曾氏雙腳大力經　珠觀身軀呼伊拼　六舍野塊下神明　六舍下好行入去　囝仔正正無虛欺　夏神保庇緊出世　听見雞公支支啼　囝仔出世看著面　喜裯門門雞報寅　珠觀返才真緊信　袂記才帶野塊珍　分得出生上介妙　囝仔身軀緊加超　加在生著有生　不廣伊才帶縛真條　緊養燒水來皆洗　囝仔球球那龍蝦　洗好抱入眠床底　六舍銀提乎產婆　母子困困做一張身軀洗好換衣裳　不知簡分只●樣　那象廟宮塊燒香　六舍物件捧真多　親手捧乎因賢妻　桔餅乎恁塊腹底　三工即通麻油雞　賢妻先食看薄厚　這號正正燒酒頭　早早朗有捹甲到　看愛食省不通流　歸碗食甲空空空　六舍伸手去甲捧　甘草去買半斤重　沈好赶緊捧入房……

這段描述中我們可以觀察到：產婆有名字叫做寶珠，是住在產婦家隔壁的老姉姉。她是一個很有經驗的產婆。她「出手直直武」、「身軀呼伊拼」〔註45〕、還會「囝仔身軀緊加超」，這是在幫產婦做外迴轉內迴轉，還讓產婦靠著她的身子使力，所以「便甲汗流歸身軀」，因為產婦拖延很久，珠觀也不得不承認「明明考倒老功夫」。而歎道：「別人生子那眠夢，曾氏生子卜歸工」。產婦曾

〔註44〕要常來訪視、看顧。
〔註45〕在這裡可以看到產婦似乎不是躺著生孩子的。

氏是從下午開始陣痛，痛到手腳冰冷，站立不住，甚至暈過去，最後她身子靠著產婆，「雙腳大力經」，終於把小孩生出來，這時正好雞啼天亮了。估計產程至少經過十六個小時。這段時間中作丈夫的在做什麼？妻子開始陣痛，六舍先請教「厝邊老阿婆」判斷應該是要生孩子了，於是去隔壁請來產婆珠觀，在妻子痛到站不住的時候，丈夫六舍在旁邊牢牢的扶著妻子，到妻子痛暈過去了，他趕緊去燒香祈求神明庇佑，孩子生下來後，他付錢給產婆，又張羅許多東西給妻子吃。作丈夫的從頭到尾參與分娩這件事，並沒有對分娩血房有所禁忌，這是與《金瓶梅》很不一樣的地方。在《大舜出世歌》中還有一段是描述曾氏生第二胎的情形：

> 曾氏有身卜閣生　因某腹肚又眞大　初生一子免箱磨　大舜年尾
> 二歲　因母有身順只月　閣央厝邊甲頭尾　珠官本成就交倍　曾氏
> 腹肚受受彈　塊卜閣生塊車盤　六舍知影不免看　差人閣叫老珠官
> 　珠官皆懶幾落下　囡仔遂時著翻胎　眞正順手生落地一胎一個無
> 恰加　六舍听著眞歡喜　歡喜二胎是女兒　返才返好緊抱起　珠官
> 洗身笑虛嘘

這一次六舍有經驗了，一點也不著急，甚至「知影不免看」，直接就去請有交情的產婆珠官，產婆來到幫產婦揉揉肚子，小孩就生出來了，斷好臍，產婆笑嘻嘻的幫嬰兒洗澡，六舍就高高興興的去張羅「麻油燒酒煎吉餅」給妻子補身了。此外歌仔冊「青冥擺腳對答歌四」〔註46〕中有生雙胞胎的描述：在這個段落之前，產婆已經為老大擺腳的查某接生了，是一查埔，然後老小青冥的查某也馬上要生了，所以大概產婆接著再接生。青冥擺腳在此故事中是結拜兄弟。

> 麻油拴卜箭吉丙　听見弟婦塊哀聲　廣伊腹肚做存痛　老小有听也
> 無听　有听交帶汝老大　這層乎汝鬥煞詫　著乎產婆伊順續　卻那
> 明白著看活　老少交帶有終程　隨叫產婆入房宮　生能順示著萬倖
> 　盡課產婆 e 才情　產婆實意眞知影　入房囡仔哮出聲　野拴燒水
> 治大鼎　赶緊通知換帖兄　我緊來去養燒水　老少听我報士非恁恰
> 福氣生一對　一男一女成古錐　老大塊共我點醒　廣阮牽手生雙生
> 　產婆入房一目爾　卻有順示著達錢　恁生一男甲一女　老少著听
> 我通知　產婆眞成好手四著拴紅包通乎伊

〔註46〕嘉義　玉珍書局/802 冊　青冥擺腳對答歌/802 冊。

這一段描述接生雙胞胎，過程十分順利「產婆入房一目爾」〔註47〕，一男一女就生出來了，這歸功於產婆的好手勢，雖然產婆接生的時間不長，作丈夫的認為只要順利平安「卻有順示著達錢」。

　　歌仔冊中的接生者產婆和卻姊混稱，看不出是新式產婆或是傳統先生媽，從「大舜出世歌」中「緊生通好報出生」這句可知是日治時期作品，因為生了孩子要去向政府報告，辦理出生登記，這是日治時期才開始的規定。至這位產婆是傳統先生媽、產婆或限地產婆則無從分辨。但她們無疑是受尊敬的，例如「大舜出世歌」中的產婆名叫寶珠，但被尊稱為「珠觀」或「珠官」，筆者訪問到新竹地區一位老助產士陳鄭銀女士也是被稱為「銀官」。對於產婆的技術則用「第一看」、「好手勢」、「真知影」誇獎，生產的過程中，遇到困難產婆會施展各種技術，而丈夫會去拜拜求神祇庇佑。因此產婆的酬勞雖然不固定，但是產家會包給產婆紅包都很大方。綜觀以上幾段對生產過程的描述可以看到：

　　一、古代士大夫忌避血房的禮俗，在一般平民的生活中是不存在的，《金瓶梅》中西門慶在生產過程中雖然沒有進產房，但在李瓶兒生下孩子的當晚即在李瓶兒房中歇息，歌仔冊中的丈夫甚至會扶持陣痛中的妻子，妻子生產後的補品也是丈夫一手包辦。孩子出世歡喜的父親還會立刻去抱孩子，並不如《禮記》說的，等三個月才行父子相見之禮。

　　二、痛是生產的必經的過程，痛的情形包括腰骨酸痛、肚內翻騰絞痛，產婦會感到眼前金花亂竄、手腳冰冷、腳軟、脈搏快要停止、擔心自己會死掉、還會痛暈過去，醫者要求產婦必須忍耐，強力主張一切聽其自然，不可進行人為干預，包括不可為產婦按摩、搓揉。穩婆則會設法縮短陣痛時程。

　　三、男性醫者是被摒除於產房之外的，連救命的手術都必須透過穩婆之手進行。

　　四、接生者無論是穩婆、《金瓶梅》中的蔡老娘，或者是歌仔冊中的產婆，都有相當的技術，不同的是，《金瓶梅》中的蔡老娘被描述成一個爭多嫌少、會耍小奸小惡的人物，她的社會地位不高，去接生還要給主人磕頭，酬勞要靠自己爭取。而歌仔冊中的產婆則是受尊敬的，「第一看」、「好手勢」、「真知影」都是對產婆的誇獎，因此產婆的酬勞雖然不固定，但是產家會包給產婆紅包都很大方。

〔註47〕產婆只進房間一會兒。

　　五、當生產進行不順利或發生難產狀況，傳統醫者、穩婆、先生媽都認同使用符咒，求助於神秘力量的庇佑。筆者只在《竹林寺女科秘傳》看到：「臨產禁巫邪——產婦臨月不可占卜問神，如巫覡之徒哄下謀利，妄言凶險禱神只保產婦聞之必生疑懼，心有疑懼則氣血滯而不順，多致難產，所宜戒也。」的說法，是例外。

　　六、歌仔冊中的產婆比較少求神拜拜，她們忙著接生，產婦的丈夫會著急的求神名、祖宗庇佑。

　　七、在傳統中國的醫書中，穩婆是僕傭，沒有知識且常常是心地不好、奸惡狡詐不能聽信的「淫盜之媒」。來到台灣，穩婆的稱呼換了，人們稱其為先生媽、扣姊、卻姊……，評價提高成為「懇篤盡仁術」〔註48〕，而歌仔冊中有九處提到產婆，對產婆的手藝都是正面的稱許。日人領台後只開放過一次中醫師的執照考試，因此中醫人數稀少，其餘中醫在政府打壓下只好以清草藥舖的形式存在，先生媽雖然亦同在取締範圍內，但先生媽可以深入到民間、走進產房，而中醫的主張、對穩婆的鄙視，在卻因台灣人民識字者少而鮮為人知。先生媽雖然以穩婆相去不遠的方式接生，但是所獲的評價極不同，先生媽成為一般人民心目中一級棒的接生者〔註49〕。

第二節　產婦眼中的助產士、醫師娘〔註50〕

　　如同陳秀喜的詩作「兩條生命只靠女人的天性/醫生和助產士不過是/振作精神的啦啦隊」無論接生者是誰，主角還是產婦。因此在討論了教科書、文獻、小說、歌仔冊等文獻、資料中產婆接生的情形後，此節筆者想問問產婦的經驗與感想。與前面文獻探討最大的不同是，生產經驗的文字描寫非常少，而有生產經驗的人非常多，每個生過孩子的人都有一籮筐的經驗，筆者再三篩選後，共記錄了10位產婦〔註51〕的生產經驗，她們分別由先生娘〔註52〕、

〔註48〕佐倉孫三《臺風雜記》。

〔註49〕陳麗新、洪有錫。

〔註50〕此處指醫師的太太，台語與客家話稱醫師為「先生」，醫師太太也稱「先生娘」，為免混淆，本文以「醫師娘」來區別。另：筆者未聽過稱呼醫師太太為「先生媽」的。

〔註51〕詳附表（十二）。

〔註52〕產婦A。

丈夫〔註 53〕、產婆〔註 54〕、助產士〔註 55〕、婦產科醫師接生〔註 56〕，生產的地點有自家、助產所、婦產科診所和醫院，前面 9 位都是自然產，生產年代都在 1970 年代以前，只有第 10 位是仍在生育年齡的產婦。筆者希望藉由訪談在不同時代、由不同接生者、在不同的生產空間生產的產婦的經驗回顧，探討她們對助產士的看法。

　　首先筆者發現接生者通常由家中長輩、丈夫決定，而地緣與口碑是決定接生者的兩大原因。產婦們對接生者具有忠誠度，除非十分不滿意不會輕易換接生者，十位受訪者中只有產婦 G 和產婦 H 換接生者。而產婦 G 換接生者的原因是醫師離開，不得不換人，產婦 H 則在生第二胎時找認識的醫師（她丈夫的朋友）接生。

　　所有的受訪者都認為最難以忍受的是陣痛，尤其是第一胎，產婦沒經驗，「感覺肚子的疼痛好樣沒有盡頭使我覺得好無助」〔註 57〕，這時產婦需要撫慰和支持，雖然只是陪伴、揉揉腰背、肚子，是產婦最需要的，產婦 C 回憶：

　　阮那陣生囝仔攏地厝裡，我生四個囝仔，兩 e 查埔兩 e 查某，頭一胎恰困難，痛恰久，大概痛一暝甲一晡，阮兜底苦苓腳，肚子痛才叫產婆「銀官」來撿生，伊底日本時代就真出名，伊騎一台腳踏車從城仔來到阮厝裡，伊一來就來甲我檢查，講要開五指才會生，呀未開透伊就教我走走咧，我肚子痛走無法，伊就甲我插咧走，甲我門搓肚子，到骨門開透，我就倒底眠床生，伊有傳便消毒的物件，伊提一卡かばん裝伊割臍的傢俬，腳手真瀏俐，囝仔生出來就甲洗身軀，威出來了後，拿給阮尪去埋，伊過會甲我巡頭巡尾才返去，過等工，銀官過會來甲阮囝仔洗身軀，洗到肚臍落。我聽人講，有的人無是底眠床生，是底土腳生，用稻草鋪下腳用稻草，舊布、舊衫鋪頂頭，蹲底土腳亦是坐一塊小卡椅仔，卡好足力，生了才倒去眠床，我沒看過。人咧生囝仔咱歹勢去看啦！〔註 58〕

〔註 53〕產婦 B。
〔註 54〕產婦 C。
〔註 55〕產婦 D、E、F。
〔註 56〕產婦 G、H、I、J。
〔註 57〕訪談記錄：產婦 H。
〔註 58〕這位產婦是福佬人，這是福佬話訪談紀錄意思是：我們那時候生小孩都是在家裡，我共生了四個小孩，兩男兩女，頭一胎比較困難，痛比較久，大概痛

在陣痛時能扶持她們、安慰她們的人，她們都很感謝，產婦 G 和產婦 I 雖然是由醫師接生，但是醫師只在檢查、接生時出現，在痛苦的產程中安慰、陪伴她們的的人是醫師的太太，產婦仍然覺得窩心，面對排山倒海而來的陣痛，她們只能認命的接受，很少挑戰接生者，但是接生者對待她們的態度是否親切是她們給接生者評價的重要指標。

> 我懷第一胎，沒經驗，長輩又沒有住在一起，醫師娘教我很多，要生的時候大概痛了一天一夜，我先生要做生意，只能一、兩個鐘頭跑過來看我一下，看還沒有生就又回去，醫師只來給我檢查兩次，其他都是護士小姐跟醫師娘陪我，生完，還煎蛋給我「壓腹」，因為住隔壁，我第二天就回家了，那醫師娘親自來幫我的小孩洗澡，洗到滿月，真是親切。到生第二胎，我們搬家了，還去那家婦產科生。

> 這個醫生是台大畢業的喔！技術也不錯，可是先生娘很「鏘卡」（屬害、幹練），我們去，她非常親切，生完小孩她還幫我「補肚」，她們診所請的小姐都是這個先生娘在管，生完回家，她還叫小姐來我家幫小孩洗澡，以前兩胎都沒有啊！我感覺這種服務很好，第四胎也去他那裡生。

> 後來醫生比較多，比較競爭，先生娘的責任也很大，我後來去的那個醫生娘幫她丈夫拉了好多客人，她先生只管接生其他的事都是醫生娘在「按耐」。

醫師娘的服務成為產婦繼續去這家診所生產的原因，親切的醫師娘舒緩了男性醫師帶給女性產婦的不適，筆者訪問過 4 位婦產科醫師，其中兩位的太太給醫師非常大的協助，在訪談時兩位醫師娘都表示醫師只負責處理生產的

了一夜和一天，我家在苦苓腳，肚子痛才叫產婆「銀官」來接生，她在日本時代就很出名了，她騎腳踏車來我家，一來就先幫我檢查，說要開五指才會生，還沒開全她就教我走一走我肚子痛走不動，她就攪扶著我走，幫我揉肚子，到骨門開全，我就躺在床上生，她準備好消毒的器械，她帶一只皮包裝她的工具，手腳很伶俐，小孩出生後，她給嬰兒洗澡，胎盤出來後他把胎盤交給我先生去埋，然後她還觀察、照顧我才回去，第二天，銀官還來給我的小孩洗澡，一直到嬰兒臍帶脫落。我聽說有的人生小孩不是躺在床上生，是在地下生，用稻草鋪下層，上面鋪舊布、舊衣服，產婦蹲在地下，或是坐在一張小椅子上，比較好使力，生完才躺上床，我沒看過，別人生小孩，我們怎麼好意思看呢？

事，其他如管理診所的助手、產前陪伴、安慰、產後巡視產婦是否出血、張羅「壓腹」、「補肚」的「食補」，產婦回家後派診所助手到產婦家幫嬰兒洗澡等……都是醫師娘的工作。在訪談時，有一位醫師娘比醫師還健談，常常搶著回答，據她說新竹地區幾個「生意」好的婦產科診所，醫師娘都比醫師還忙碌。在日治時期台灣人父母認為孩子最好的出路，男孩是當醫師，而女兒卻是「嫁醫師」當醫師娘。看到醫師娘們這麼努力的協助醫師，產婦又這麼信任她們，醫師娘也許是男性醫師取代女性助產士的一項助力。

10 位受訪者中有四位是給產婆或助產士接生的，她們對助產士、產婆的技術、服務都很滿意，產婦 C 稱讚為他接生的產婆「腳手真瀏俐」，產婦 D 則表示：「那個助產士很厲害，聽一聽小孩心跳就知道是男是女，我懷第二胎時胎位不正，那個助產士教我每天要趴在床上屁股翹高高，後來小孩就正了，生得很順利」產婦 E 因為接連生女兒，婆婆失望之餘不照顧她，幸好有助產士幫她坐月子，她說：

> 在助產所生小孩比較好啊！產婆是女的嘛！我們比較自然！我生到第四胎，我婆婆聽到是女的，連來都不來了ㄟ，還好有產婆照顧我，我拿有拿錢給她，她們做產婆的專門弄這些，很會煮，我那一次月子做得很好，身體整個都好起來，親戚還是照顧的比較周到啦！所以我第五、第六兩胎還是去給她接，也都在她那裡坐月子，連幾個大的小孩也來一起吃，比現在的坐月子中心還方便，我女兒後來要生的時候我也想拜託這個助產士，可惜她已經退休了！

可見這位助產士的服務令她滿意到願意推薦給自己的女兒！

產婦 F 本身是助產士，對於生產本來就具備豐富的知識，而自己親身的體驗使她在接生時更能了解產婦的感受，生產的經驗對她日後接生有很大的幫助。由同為助產士的婆婆接生，她覺得很自然、方便。

> 我 5 個小孩都是婆婆接生的，她從日本時代就做產婆，技術很好，我在自己家的產院生小孩，一切都很方便。那時產院的生意很好，接生的 Case 很多，我生完第一胎休息兩小時就下床幫其他產婦換藥，被我婆婆罵，她說還是要休息，我才回房間，坐月子期間我也沒什麼特別補，但是可以充分休息，半夜不用起來接生。

而台灣產婦生產完「補肚」、「壓腹」的補品提供，因應坐月子期間不碰水〔註59〕的習俗，提供產後到府爲嬰兒洗澡的服務，很受產婦歡迎。這些服務不一定要由助產士或醫師親自做，助產所的助手、婦產科診所的助手或甚至是醫師娘，都可以擔任這些工作。助產工作不再是單槍匹馬進行，而是團隊工作，除了接生技術還要加上親切的加服務，才能滿足產婦們。

　　日治時代的台灣產婆擁有相當的接自然產的技術，又提供親切的到府服務，在政府大力提倡下，漸漸爲人民接受，戰後助產士教育納入學校教育，發展出助產所，新式的設備提供更優質的技術，助產士取代先生媽，成爲新的「最佳接生者」。可是好景不常，產婦雖然是生產過程中的女主角但是對於決定接生者的自主權並不大，這種情形在日治及戰後初年非常明顯，雖然產婦一致認爲待產時有人全程陪產，是煎熬在產痛折磨中的產婦安定的支柱，而產後提供爲嬰兒洗澡、訪視產婦的服務是她們覺得貼心的地方，這些事項服務性高於專業性，男性婦產科醫師診所裡的護佐、醫師娘都可以勝任。產婆、助產士女性的優勢無從發揮，而專業性高的接生技術如接生胎位不正的技術又不敵受更多醫學專業訓練的婦產科醫師以剖腹產手術解決。產婆精良的會陰保護技術，在戰後並沒有被強調，而醫師流行的會陰剪開再縫合的技術，卻大行其道。助產士註定了被取代的命運，台灣男婦產科醫師開始大量地取代女助產士，一般認定在七〇年代，婦產科醫師接生率開始超過助產士的接生率。但是傅大爲〔註60〕以爲，這個取代的過程，從日治時期已經開始，到五零年代取得加速的動力，而到七零年代則正式超越。從產婦訪談中得到一部份印證。

第三節　國家、法規、與出生證明

　　由以上的討論可知：傳統中國的接生者──穩婆，因爲沒有系統化的養成教育，她們大多不識字也沒有書寫能力，處理的又是被視爲不潔的工作，因此被定位爲僕傭，或是操持「賤業」。國家並不介入生產這件事，人民遇到難產的情況，除了訴諸神佛、符咒和中醫師，然而中醫沒有解剖的概念，對

〔註59〕見莊淑旂自傳。
〔註60〕傅大爲，1999, Nov.,「台灣近代（男性）婦產科的興起及其性/別政治」，東海大學「問別千年」社會學研討會；2001, July,性別、醫療與社會──學術研討會，高雄醫學大學，兩性研究中心。

於婦女生理的知識亦未完備，加上對產房的忌避，男女有別的根深蒂固觀念，
男性醫師縱有應付難產的種種方法，也不能親自執行。台灣做為移民社會，
在此安家落戶繁衍下一代的小家庭較少男人不進產房的避諱，我們可以看見
歌仔冊中，作丈夫的也有進產房扶持妻子的情形。而在女人痛苦的生產過程
中能幫助婦女縮短產程的先生媽受到一般人的尊重。筆者找到二首舊詩談臨
盆〔註61〕：

其一：為陳文石作

> 穩婆扶助子翻胎　　聽到呱呱出世來
> 弄瓦弄璋休異視　　為龍為狗漫相猜
> 桑弧錦帨雌雄別　　雞酒麻油調補該
> 何必紅光呈夾馬　　書香有種亦香孩

其二：為吳士茂作

> 諒必靈根欲離胎　　悠悠腹痛起方纏
> 收生事物匆匆備　　出世時辰陣陣催
> 眉蹙幾回呼父母　　聲啼一霎產嬰孩
> 為人夙夜期無忝　　身自娘新腹裡來

其三：是李騰嶽鷺村翁詩存林儒人淑英潘氏揄揚篇〔註62〕：

> 詠絮才華早已名。蘆簾紙閣恰風情。
> 幾生修得林逋婦。格調梅花一例清。
>
> 倡隨夫婿是良醫。卅載春生肘後奇。
> 添得婆心賢內助。家家迎去接嬰兒。
>
> 金剛山上振衣回。萬里鵬程亦快哉。
> 媿我鬚眉成老大。海隅株守是庸才。
>
> 門庭子女喜成行。痛切東床沒戰場。
> 且幸一家多國手。刀圭壽是繼書香。

詩中除了對產程中的陣痛描述之外，對新生命的降臨則充滿喜悅，於穩婆也
無任何惡評。連橫台灣詩薈中騷壇紀事記載：中部吟會（臺中）以七月十五
日開第四期例會；題為「寢臺車」七絕（歌韻），得詩五十餘首。十六日，適

〔註61〕《古今分韻詩選》十灰。
〔註62〕《台灣先賢詩文集彙刊》第一輯16，龍文出版社，頁184。

－93－

逢臺中副業展覽，乃假三教會樓上開會；至者較多。題爲「產婆」七絕（支韻），得詩百有餘首。筆者曾努力尋找這些詩作，可惜一無所獲，否則可以更清楚知道當時（1920 年代）台灣文人對產婆的認知與評價。

1895 年後日本統治台灣，殖民政府引進西方醫學概念，刻意培植產婆，只舉辦一次中醫師執照的考試，原本絕少參與接生工作的男性中醫師很快便退出接生的事務範圍。又由於日治時期台北醫學校，不收女性學生，無論日籍女性或台籍女性若要成爲醫師必須負笈日本本國，女性醫師可說是鳳毛麟角，受西方醫學訓練的產婆成爲政府刻意培植的接生者，無論是公立產婆講習所或私人的產婆學校，培植出來的新式產婆，都具備文字書寫的能力。如本文第二章所述，產婆在接生後必須將接生的過程、產婦、新生兒的狀況詳細記錄，供警察定期查閱，接生記錄簿也是人口登記的底本，必須保存 10 年以上。過去生孩子是家庭裡的事，家中添了人口，只會祭告祖先，不會向政府報告。明清的戶口制度，以戶爲計算單位，女人是不被紀錄的，課稅以男人（丁）數爲準，台灣收爲清之版圖後，依例辦理，政府定期作戶口編審，目的在查定丁數，便於實施丁銀公課。男性人民年滿十六歲始至六十歲止稱爲丁，政府按丁口徵銀〔註 63〕。日本政府則要求台灣人民一出生，無論男女都就必須申報戶籍，且需持產婆開立的出生證明申報，先生媽是沒有開立出生證明的資格的，傳統先生媽不識字也沒有開證明的能力。日治末期，爲了凝聚戰力，物資必須優先供應軍需，一般民生物資實施配給制度，產婆開立的出生證明是購買配給物資的證明，產婆在國家掌控人口資訊的措施中，站在第一線，產婆的專業必須經過國家認可，在婦女工作機會不多的日治時期，產婆有機會憑其專業賺取酬勞，改善家庭經濟，其社會地位逐漸提昇。

戰後國民政府來台，接生者改稱助產士，政府於助產士法中同樣要求助產士必須具有國家核可執照、接生必須製作記錄簿，按期向戶政機關會報初生人數，助產士仍然被賦予開立出生證明的權利與義務。在戶籍法的規定中：出生登記列爲戶籍登記的第一類，人民出生，其父母、祖父母、戶長、同居人、撫養人必須向戶籍所在地之戶政機關做登記，若爲棄嬰或無依兒童，便以兒童福利機構爲申請人。做出生登記必須持一、出生證明書；二、申請人戶口名簿、國民身分證、印章（可親自簽名，並請提供生父母結婚日期）。若爲在國外出生者，俟其入境後，依規定辦理初設戶籍登記。出生登記的項目

〔註 63〕《台灣文化志》中卷 123。

包括：出生者之出生別、出生年月日、出生地及其父母姓名、出生年月日。棄嬰或無依兒童無姓名者，由撫養人或收容教養之兒童福利機構代立姓名，依法推定其出生年月日，並載明撫養人之姓名或收容教養之兒童福利機構。出生登記應於出生後三十日內辦理登記，否則將遭罰款〔註64〕，助產士、醫師若開立不實之出生證明，除罰款外，還將被依僞造文書罪起訴、求刑。產婆、助產士、或婦產科醫師因爲是剪斷臍帶的人，是目擊嬰兒自母體生出的人，他們獲得國家的授權，爲由他們接生的人作證。在 DNA 檢驗技術發明前，他們開立的證明是國家採信的證據。

　　有了這個措施，政府將人民無論男女自出生就納入管理系統中。完成戶籍登記後，人民接受預防注射、入學、服役等種種權利、義務才有進行的依據。過去沒有電腦連線管理資料，嬰兒出生的資訊不易通報，若不做登記，戶政資料中即無此人存在，政府爲有效掌控人口、管理人民，建立制度、訂定罰則要求人民遵守，並且設計種種措施引導人民遵循。根據衛生署統計資料，直到 1951 年台灣地區仍有高達 64%的嬰兒不是由合格助產士或醫師接生，這些人如何申報戶籍？這些人必須出具村里長或警察的證明書〔註65〕，也就是說在證明出生的這件事上，助產士與村里長、警察有相同或更高的公信力，社會地位當然較三姑六婆高得多。

　　有些人民沒有在政府規定的期限（出生後一個月內）辦理戶籍登記，其原因很多，有的是純粹忘記；有的是因爲嬰兒生下來瘦弱，怕若養不活，爲了省去不幸嬰兒夭折還要再去辦理死亡登記的手續，所幸等嬰兒長到三、四個月或周歲才辦理登記；有的是因爲改名困難，所以在未取定名字前不辦理出生登記；還有因爲生養太多，想要將嬰兒給他人收養，但是卻不願登記爲養子女，遲遲不做戶籍登記，直到小孩要入學了才向戶政機關辦理登記；因此有許多人戶籍資料上登記的出生年、月、日根本不是眞正的生日，這種情況在過去相當普遍。助產士在開證明時常會遇到產家要求將嬰兒出生日期寫慢，以規避罰款。甚至被要求開立不實證明，以掩飾私生子或收養孩子報爲親生子的情形。出生時日的更改，助產士比較願意。但是明明不是親生子女

〔註64〕 戶籍法第53條：無正當理由不於法定期間爲登記之申請者，處新臺幣三百元以下罰鍰；經催告而仍不爲申請者，處新臺幣六百元以下罰鍰。
　　　　戶籍法第54條申請人故意爲不實之申請或有關機關、學校、團體、人民故意提供戶政機關不實之資料者，處新臺幣九千元以下罰鍰。
〔註65〕 照片（14）。

要開成親生的，大部分助產士會拒絕，因爲若被發現會遭到停業、吊銷執照的嚴格處罰。然而也有些助產士會做這這種事，通常開這種證明都會收取很高的費用，約莫是接生費的數十倍至百倍之譜。東窗事發後，被披露在媒體，對助產士的形象造成很大損傷〔註66〕。

出生通報在電腦連線普及前很難落實，區區罰款並不能驅使人民準時辦理出生登記，政府於是利用免費爲嬰兒施打預防疫苗的方式，讓人民及早辦理出生登記，在全民健保實施後，如果嬰兒出生後需要額外的醫療，沒有辦理登記根本領不到「醫療手冊」，爲了節省醫療費用，一般人均會迅速辦理登記。而以檢驗 DNA 確認血緣、親子關係的技術發明，出生證明的重要性不如往日高，但這是助產士行業已經沒落了以後的事了。

衛生署於 1983 年頒佈一道行政命令〔註67〕，規定：受聘於醫院、診所執業的助產士，仍應接受醫師指導始可接生因此助產士若在醫院接生是無法開立出生證明的，政府任這項明顯違反位階較高的助產士法的行政命令施行達 16 年之久，1999 年政府才取消這項行政命令，而各公立醫院原訂的助產士編制也早在 1992 就被取消，助產士的接生率則已經低到 0.1%〔註68〕。

日治時期產婆成爲受尊重的行業乃是由於政府的大力推動產婆訓練教育、賦予產婆開立具法律效力的證明文件的權力，戰後助產士的專業教育最高只到五專程度，無法與受七年醫學院教育的婦產科醫師相比，很快的被醫師取代，1970 年後，助產士接生的人數急遽下降，隨著助產教育的停辦、公立醫院助產士編制的取消，醫院、診所助產士不得獨自接生、開立出生證明的種種打擊，使助產士這個行業在台灣幾乎消失。

幸好高雄輔英技術學院於 1999 年設置四年制助產系，每年招收六十名學生，這是助產教育中斷八年後，首次恢復。而國立台北護理學院也在 2000 年成立護理助產研究所，不但恢復助產教育還將學生提升到大學、研究所程度。以培訓高程度助產士，因應台灣產科執業醫師對接生意願降低，以及剖腹產

〔註66〕台灣省政府民政廳代電，民國五十三年六月八日（五三）民丙字第二五七三號函：「查有若干地區有以他人私生子申報爲親生子，如助產士爲設置接生簿，所出給之出生證明書，戶籍機關如查無簿核對時，除依助產士法之規定處理外，該出生證明書一律不予採認」。

〔註67〕郭素珍〈助產專業執業狀況、角色功能與未來展望〉2003 年 11 月 2 日國立台北護理學院護理助產所，助產專業今昔與未來：理論與時正研習會。

〔註68〕衛生署公報。

率居高不下的現實，提供正常自然分娩之家庭孕產時的基本照護，對高危險孕產婦也能扮演其問題的發現者，並做適當轉介，同時提供社區民眾正確的婦幼保健資訊，進而減少醫療成本。

　　台灣的助產士法自 1943 年在南京頒佈以來，只在 1985 年做過比較大幅修改，其餘幾次都是微幅調整，而且修法時都以政府管理方便爲重點，修正時往往是援用醫師法或藥師法，並沒有眞正以助產士的需要爲重要考量，由於 1999 年輔英技術學院及 2000 年台北護理學院恢復並提升助產人員教育的開始，助產界開始推動法令的修改。在助產界的奔走努力及遊說下，歷經四年終於在 2003 年 6 月 3 日立法院三讀通過「助產士法」修正爲「助產人員法」，並在同年 7 月 2 日由總統公布正式實施。這次修法的意義重大，除了將助產人員提升到「師」級，與護理人員有同等地位〔註69〕，還有：建立繼續教育及執業執照定期更新制度；刪除省助產公會組織；並修正相關條文及訂定過讀條款；及配合行政程序法之規定修改相關規定等，給予助產人員明確的定位〔註70〕，筆者以爲這次修法最大的意義在這是以助產人員需要爲出發點的一次修法行動。台灣助產教育在中斷 10 年後重新出發，希望能爲瀕臨消失的助產行業帶來曙光及新的發展契機。

〔註69〕護理人員分護士、護理師，而助產人員在修法前只有助產士，修法後才有「助產師」。
〔註70〕郭素珍 2003〈助產界參與「助產人員法」修法的歷程與展望〉助產雜誌第 46 期，頁 1。

第五章　結　論

　　生產雖然是自然現象，但是人類生產伴隨令人難以忍受的劇痛，使陪伴、協助產婦生產的接生者有其重要性，在台灣接生者除了沿襲中國社會的穩婆接生外，還因為被割讓給日本成為殖民地。殖民政府將以西方醫學觀念培訓出的醫師、和新式產婆引進台灣，終日本統治的 50 年間，傳統中式的穩婆/先生媽和新式的產婆/西醫同時存在，為台灣的婦女接生。

　　中國穩婆和台灣先生媽使用的接生方式並無多大差異，但是分別有不同的評價，在中國的脈絡裡，是面目可憎、身份滴下的淫盜之媒，中醫們諄諄告誡產婦不可輕信穩婆之言，並且將難產歸咎於穩婆「無書傳、無師授」。穩婆無法為自己辯駁，只能任憑極少親自接生的中醫詆毀、醜化。也許穩婆們和大多數的中國婦女都因為不識字，被罵了也不知道吧！來到台灣，位處邊陲的台灣，做為移民社會，來到島上的漢人多是在故鄉難以為生的「羅漢腳」，單身來到台灣，在醫藥缺乏的情況下求生存，需要更多的努力才能夠安家落戶繁衍下一代，對於能幫助自己的下一代順利來到人間的人，自然感謝多於怨懟。穩婆在台灣成為受敬愛的先生媽。從民間流傳的歌仔冊的描述，可以看到中國穩婆和台灣先生媽的不同待遇。

　　1894 年清國戰敗，將離戰場兩千公里外的台灣割讓給日本，台灣成為日本第一個殖民地。殖民政府有意將台灣治理成「殖民櫥窗」，將西方醫學引進台灣，但是男性醫師不為婦女所接受，於是產婆應運而生。從筆者祖母保留下來的「妊產婦名簿」、產婆學教科書、照片、器械等，可以看見日治時期台灣的新式產婆已經有相當的技術，消毒以避免妊婦感染產褥熱和保護會陰是產婆的首要任務。她們有消毒無菌的概念，瞭解人體的構造，對於接自然產

很有把握，遇到緊急狀況也能應付。從這些接生資料中，可以看到產婆兢兢業業的工作狀況，也看到殖民政府嚴格的管理。產婆因為有政府發給的執照，成為專業人士，又因為是日治時期少數女性專屬的職業，執業收入不差，可改善家庭經濟，社會地位更加提升，直追女醫師、女教師。

戰後國民政府接收台灣，將助產教育納入學校體系，大量培植助產士，助產士的質與量都較日治時期提升，但是因為經濟因素，採取助產士與護士合併訓練的制度，致使產護合訓的畢業生們大部分選擇當護士。少數選擇當助產士的在醫療院所漸漸被醫師取代，成為醫師的助手。而另外一些助產士選擇在醫療院所外執業，就是開業助產士。因為執業的方便，這些開業助產士發展出「助產所」這一新的生產空間，筆者認為助產所是產婦開始外出生產的濫觴。

台灣婦女從過去全部由女性接生到今天幾乎全由男性接生，從全部在家裡生孩子到現在全部不在家裡生孩子，1920 年到 1970 年的台灣產婆/助產士，扮演關鍵的角色，這些千百年來漢人婦女的生活模式，在短短的 50 年中翻轉。這其間發生的每一件事都值得注意探究。

消毒、會陰保護、人工呼吸蘇生術、胎盤剝離術、臀位、足位、橫位、顏面位的處理，每一種都是技術，躺著生、蹲著生、坐著生各有不同道理，西方醫學的挾著不可抵擋之勢席捲全球，日治台灣無力抵擋的接受，卻又發展出自己的樣貌，1920 年到 1970 年台灣的產婆/助產士，是歷史上漢人女性接生者地位最高的時段。

之後隨著接生率急遽下降，助產士逐漸沒落。1983 年政府以一紙行政命令剝奪受雇於醫療院所的助產士獨自接生的權力。1990 年教育部取消學校中的助產教育，1991 年取消公立醫院中助產士的編制，台灣助產士走入黑暗期。而台灣的產婦有因此得到更好的照顧嗎？答案是否定的，台灣有全世界第三高的剖腹產率，僅次於智利及巴西。每三個產婦就有一個以剖腹手術生產，而產婦在待產時全都被當成「剖腹產候選人，餓著肚子忍耐陣痛。有 90% 的陰道產婦在生產時被剪會陰，如果這些犧牲可以換得嬰兒、母親的安全，也許還值得，可是事實證明嬰兒死亡率反而稍稍提高。造成醫療資源的浪費。婦女視生產為畏途，台灣的嬰兒出生率是世界第二低，只比義大利好一點〔註1〕。生育率的下降，未來台灣人口結構將偏向高齡社會，實為社

〔註 1〕 根據媒體報導 2002 年台灣育齡婦女每人平均生 1.24 人，而義大利每人生 1.2

會的隱憂。

產婆單打獨鬥的時代已經過去，一位助產士獨撐大局的助產所也逐漸凋零。然而助產士注定被時代淘汰嗎？其實不然，近來台灣社會開始重視高剖腹產率的問題，認爲過多的剖腹產不僅造成醫療資源的浪費，也會對婦女健康造成不良影響。「人性化生產空間」的計畫正在幾家觀念先進的醫院推動。助產士們爭取國家修正助產人員法，正式將助產人員提升到「師」級的專業人員。希望未來助產可以走向團隊合作，將助產士、助產師、醫師、醫院整合成一個照顧網，讓台灣的產婦有一個溫馨、人性的分娩環境。

本文探討的時段是台灣產婆/助產士興盛蓬勃的時候，筆者從文獻、資料、訪談中看著助產士們發展出好的技術、得到社會的肯定、提升社會地位、產婦得到更優質的照顧、嬰兒死亡率降低等發展，眞的很爲這些助產士們驕傲，尤其其中有這麼多我親愛的家人，更讓我與有榮焉。反觀現在的沒落與低迷，覺得這項女人專屬的職業，就這樣沒落實在可惜。幸好台灣助產學界早就注意此事，並且投入心力，從體制內改變。新一代的助產人員，有豐富的學識、開闊的眼界，懂得整合各界力量，發揮影響力，現在修法已經成功，這是第一部由助產人員主導而成的法令，最重要的是助產人員已經爭取到「師」級的地位。未來助產人員應該可以走的更好，台灣婦女的生產環境改善也露出曙光。我衷心期盼這一個新的時代來臨。

人。

參考資料

1. 小田俊郎著，洪有錫譯，1995，《台灣醫學五十年》，前衛出版社。

2. 王灝撰文，梁坤名版畫，1992，《台灣人的生命之禮》，臺原出版。

3. 林綺雲，1993，〈台灣助產士的專業變遷——社會學的解析與省思〉，國立台北護專學報第 10 期。

4. 林王美園，1985，〈助產士功能的展望與回顧〉，助產雜誌 22：1-15。

5. 何弘能，1995，〈剖腹產的原罪〉，醫望，第 8 期。

6. 吳嘉苓，1998，〈產科學遇上「迷信」婦女〉，第三屆「性教育、性學、性別研究暨同性戀研究」國際學術研討會。

7. 吳嘉苓，1998，〈復興助產士、鼓勵自然產：健保給付制度〉，全民健保 V.S.婦女健康研討會。

8. 吳嘉苓，2000，〈醫療專業、性別與國家：台灣助產士興衰的社會分析〉，台灣社會學研究第 4 期。

9. 吳嘉苓，2001，〈空間、規訓與生產政治〉，台大社會學刊 29：1～58。

10. 洪有錫、陳麗新，2002，《先生媽、產婆、與婦產科醫師》，前衛出版社。

11. 洪惟仁，1986，《台灣禮俗語典》，自立晚報出版。

12. 李貞德，1996，〈漢唐間醫書中的生產之道〉，中央研究院歷史語言研究所集刊，67（3）。

13. 呂素麗，1995，〈接生萬名嬰兒的洪孔達醫師〉，臺大醫院婦產科百年史料輯錄，臺大醫院婦產科同門會。

14. 邱素琴，1987，〈新興的護理趨勢——居家護理與開業護理〉，助產雜誌 26：1-7。

15. 范燕秋，2001，〈日本帝國發展下殖民地台灣的人種衛生 1895～1945〉，

政治大學歷史系博士論文。

16. 高敬遠，1995，〈台灣婦產科的黎明〉，臺大醫院婦產科百年史料輯錄，臺大醫院婦產科同門會。

17. 郭素珍，2003，〈助產專業職業現況、角色功能與未來展望〉，助產專業今昔與未來：理論與實證研習會，國立台北護理學院護理助產所。

18. 涂醒哲、蘇喜，1995，〈肚皮無罪〉，醫望，第 8 期。

19. 翁玲玲，1999，〈漢人社會女性血餘論述初探：從不潔與禁忌談起〉，近代中國婦女史第一期，中央研究院近代史研究所。

20. 莊永明，1998，〈台灣醫療史〉，遠流出版。

21. 莊淑旂口述，許雪姬執筆，2001，〈莊淑旂回憶錄〉，遠流出版。

22. 郭文華，1997，〈專業、權力與教育：從助產教育停辦談起〉，第五屆科學史研討會論文集。

23. 傅大為，2001，〈台灣近代（男性）婦產科的興起及其性/別政治〉，國科會台灣史專題研究計畫成果發表研討會會議論文。

24. 曾雅玲、余玉梅，1994，〈正常分娩的出產婦於待產及生產時主觀經驗探討〉，護理研究 2 卷第 4 期。

25. 黃梅，1998，〈台灣地區護產業務現況及發展〉，助產雜誌29：1-4。

26. 陳晳堯，1995，〈回顧台大婦產科 45 年〉，臺大醫院婦產科百年史料輯錄，臺大醫院婦產科同門會。

27. 陳心耕，1991，〈社會變遷與護理專業之發展〉，護理雜誌，38 卷第 4 期。

28. 游鑑明，1993，〈日據時期台灣的產婆〉，近代中國婦女史第一期，中央研究院近代史研究所。

29. 續修四庫全書子部醫家類達生編上卷

30. 陳自明，《大全良方》卷 17〈產難門產難論第一〉。

31. 劉靜貞，1998，〈不舉子——宋人的生育問題〉。

32. 鍾聿琳，1998，〈一個以助產士為主的產科健康模式之探討〉，全民健保 V.S.婦女健康研討會。

33. 喬治・福斯特等著，陳華、黃新美譯，1992，《醫療人類學》，桂冠圖書公司。

34. 中華民國八十年台閩地區工商服務業務普查報告

35. 行政院衛生署，〈衛生統計〉，民國 39 年至 80 年的歷年統計資料。

36. 台灣生通志衛生篇

37. 新竹縣志，1958 年。

38. 新竹縣統計提要，1951～1994。

39. 新竹市志。

40. 王順隆整理，台灣歌仔冊。

41. 新竹竹林書局，大舜出世歌。

42. 新竹竹林書局，花胎病仔歌。

43. 新竹竹林書局，李三娘汲水歌。

44. 新竹竹林書局，338 冊/蔡端造洛陽橋歌。

45. 嘉義玉珍書局，802 冊/青冥擺腳對答歌。

46. 西遊記。

47. 金瓶梅詞話。

48. 紅樓夢。

49. 聊齋誌異。

50. 禮記。

51. Charlotte Furth (1999) A Flourish Yin. Calfornia.

52. Ornella Moscucci (1990) The Science of Women: Gynecology and Gender in England, 1800-1929. New York, Cambridge University Press.

53. Wu, Chia-Ling (1997) Women, Medicine, and Power: The Social Transformation of Childbirth in Taiwan. Illinois: University of Illinois.

附　錄

一、

表一　筆者祖母日治時期的七冊妊產婦名冊

冊　別	封　　面	核驗單位	起迄年代	人　數
第一冊	妊產婦名簿 產婆鍾彭氏錫妹	苗栗郡役所	自昭和八年一月廿五日 至昭和十五年十月五日	188
第二冊	妊產婦名簿 產婆鍾彭氏錫妹	新竹警察署	自昭和十六年一月廿八日 至昭和十七年十月卅一日	200
第三冊	妊產婦名簿 樹林頭保健組合 囑託產婆鍾彭氏錫妹	新竹警察署	自昭和十七年十一月一日 至昭和十八年八月七日	200
第四冊	妊產婦名簿 產婆鍾彭氏錫妹	新竹警察署	自昭和十八年八月七日 至昭和十九年三月廿日	200
第五冊	妊產婦名簿 產婆鍾彭氏錫妹	新竹警察署	自昭和十九年三月廿九日 至昭和廿年一月七日	200
第六冊	妊產婦名簿 產婆鍾彭氏錫妹	新竹警察署	自昭和廿年一月廿八日 至昭和卅六年六月廿五日	200
第七冊	妊產婦名簿 產婆鍾彭氏錫妹	新竹警察署	自昭和卅六年六月廿七日 至昭和卅七年五月廿四日	200

表二　日治時期產婆妊產婦名簿格式

住　所	姓　名	年　齡	初診年月日	初診時所見之概要	初診後經過	分娩年月日	分娩經過概要	初生兒及胎盤之所見	產褥經過概要
渡台之年月日	既往分娩數	渡台後之分娩數	最終月經			男女之別			

表三　戰後助產士接生名簿格式

住址　市　鄉　村里　路巷　街　號	分娩回數第　回
姓名	單胎雙胎　單　雙
年齡	最終月經　年　月　日
初診年月日	中華民國　年　月　日
初診時所見概要	
初診後經過情形	
分娩年月日	中華民國　年　月　日
活產或死產	
嬰兒性別	
分娩十日內產婦健康情形	
嬰兒健康情形	

住址　市　鄉　村里　路巷　街　號	分娩回數第　回
姓名	單胎雙胎　單　雙
年齡	最終月經　年　月　日
初診年月日	中華民國　年　月　日
初診時所見概要	
初診後經過情形	
分娩年月日	中華民國　年　月　日
活產或死產	
嬰兒性別	
分娩十日內產婦健康情形	
嬰兒健康情形	

表四　接生資料統計

4-1		昭和 8 年 1933 苗栗	昭和 8 年 1933 新竹	昭和 9 年 1934 新竹	昭和 10 年 1935 新竹	昭和 11 年 1936 新竹	昭和 12 年 1937 新竹
接生總數		9	11	38	40	59	7
正規分娩		4	5	27	32	50	6
胎位	頭位	9	10	37	39	58	7
	骨盤端位	0	1	1	1	0	0
	橫位	0	0	1	0	0	0
	顏面位	0	0	0	0	1	0
死產	早產	0	0	4	3	2	1
	死產	0	1	5	5	3	1
	流產	0	0	1	2	0	0
分娩過程	分娩遲延	3	3	3	1	2	0
	陣痛微弱	3	2	2	1	1	0
	人工破水	0	2	0	0	1	0
	早期破水	0	0	1	1	1	0
	使用產鉗	2	0	0	0	0	0
	施打促進劑	0	0	0	0	0	0
胎兒狀況	人工呼吸蘇生胎兒	0	0	1	1	0	0
	過熟胎兒	2	1	1	0	0	0
	胎兒發育不良	0	0	6	2	5	0
	雙胞胎	0	0	1	0	0	0
	畸形兒	0	0	0	0	0	0
	黴毒兒	0	0	0	0	0	0
胎盤狀況	前置胎盤	0	0	0	0	0	0
	胎盤早期剝離	0	0	0	0	0	0
	胎盤娩出遲延	2	2	2	0	3	0
	胎盤異常	0	1	0	0	0	0
母體及產褥期狀況	母體浮腫	1	1	0	1	1	0
	母體弛緩性出血	0	0	0	0	0	0
	母體貧血	0	0	0	0	0	0
	母體瘧疾	0	0	0	0	0	0
	母體發熱	0	0	0	2	1	0
	產褥不良	0	0	0	2	4	0
產婦死亡		1	0	0	0	0	0

4-2		昭和 12 年 1937 高雄	昭和 13 年 1938 高雄	昭和 14 年 1939 高雄	昭和 15 年 1940 高雄	昭和 16 年 1941 新竹	昭和 17 年 1942 新竹
	接生總數	3	8	8	5	44	208
	正規分娩	3	8	6	5	33	153
胎位	頭位	3	8	8	5	41	186
	骨盤端位	0	0	0	0	1	4
	橫位	0	0	0	0	0	0
	顏面位	0	0	0	0	0	0
死產	早產	0	0	1	0	1	
	死產	0	0	0	0	2	22
	流產	0	0	0	0	0	
分娩過程	分娩遲延	0	0	1	0	4	20
	陣痛微弱	0	0	1	0	2	
	人工破水	0	0	0	0	0	7
	早期破水	0	0	0	0	2	8
	使用產鉗	0	0	0	0	2	0
	施打促進劑	0	0	0	0	0	0
胎兒狀況	人工呼吸蘇生胎兒	0	0	0	0	1	6
	過熟胎兒	0	0	0	0	3	
	胎兒發育不良	0	0	1	0	3	
	雙胞胎	0	0	0	0	0	1
	畸形兒	0	0	0	0	0	1
	黴毒兒	0	0	0	0	0	2
胎盤狀況	前置胎盤	0	0	0	0	0	1
	胎盤早期剝離	0	0	0	0	0	0
	胎盤娩出遲延	0	0	0	0	0	4
	胎盤異常	0	0	0	0	0	1
母體及產褥期狀況	母體浮腫	0	0	0	0	2	6
	母體弛緩性出血	0	0	0	0	0	5
	母體貧血	0	0	0	0	0	2
	母體瘧疾	0	0	0	0	0	1
	母體發熱	0	0	0	0	1	2
	產褥不良	0	0	0	0	0	3
	產婦死亡	0	0	0	0	0	0
	肚臍繞頸	0	0	0	0	3	3

4-3		昭和 18 年 1943 新竹	昭和 19 年 1944 新竹	昭和 20 年 1945 新竹	昭和 10 年 1945 三叉	昭和 35 年 1946 新竹	合 計
	接生總數	271	269	7	90	41	1118
	正規分娩〔註 1〕	194	147	6	67	27	773
胎位	頭位	257	238	7	84	40	1037
	骨盤端位	5	1	0	1	0	15
	橫位	0	1	1	0	0	2
	顏面位	2	0	0	0	1	4
死產	早產	0	11	1	1	0	25
	死產	14	13	0	6	0	72
	流產	臍帶脫出 1	0	0	0	0	3
分娩過程	分娩遲延	25	17	0	8	4	91
	陣痛微弱	0	24	1	9	1	47
	人工破水	12	11	0	3	5	41
	早期破水	9	5	0	0	2	29
	使用產鉗	0	2	0	0	1（醫師）	7
	施打促進劑	1	1	0	0	1	3
胎兒狀況	人工呼吸蘇生胎兒	7	1	0	1	0	18
	過熟胎兒	上肢脫出 2	習慣性早產 2	0	0		8
	胎兒發育不良	14	22	0	4	1	58
	雙胞胎	2	2	0	2	產道狹窄 2	8
	畸形兒	1	送醫院 1 延請醫師 1 羊水過多 3 胎兒過大 1		1	0	3
	黴毒兒	2	3	0	0	0	7
胎盤狀況	前置胎盤	1	2	0	0	0	4
	胎盤早期剝離	1	1	0	0	0	2
	胎盤娩出遲延	5	8	0	0	0	26
	胎盤異常	2	4	0	0	0	8

〔註 1〕 這裡所謂的正規分娩是指在分娩過程中，完全沒有人為的干預，（包括沒有進行人工破水、未使用產鉗、未施打催生藥劑、胎兒發育良好、分娩後未進行人工蘇生術、胎盤在正常時間內娩出等狀況），在自然的情況下，胎兒以頭位分娩的案例。

母體及產褥期狀況	母體浮腫	2	2	0	2	0	18
	母體弛緩性出血	7	6	0	2	0	2
	母體貧血	0	3	1	4		10
	母體瘧疾	3	10	0	3	3	20
	母體發熱	3	3	0	2	0	14
	產褥不良	2	2	0	1	0	14
	產婦死亡	0	0	0	1	0	2

表五　產婦住址分佈

	1934 年	1935 年	1936 年	1941 年	1942 年	1943 年	1944 年
總數	38	40	59	44	208	271	269
南門外	26	9	0	東門町 1	金山面 1	西門町 1	
黑金町	0	20	52	21	10	14	10
南門町	0	0	4	10	8	2	3
客雅	6	7	0	0			
枕頭山腳	6	1	0	0			
新興町	0	2	0	2	1	2	
東勢	0	1	0	0		1	2
宮前町	0	0	1	0			3
埔頂			2	0			
住吉町				2	14	15	13
花園町				2		3	3
香山庄				1	公用地新高組 1		1
錦町				1			
牛埔				2	4		
赤土崎				2	5	3	3
新庄子					1		
旭町					1		
新富町					2	2	
樹林頭					49	68	56
湳雅					46	66	74
溪埔子					34	32	40
苦苓腳					15	33	24

					6	9	13
沙崙					6	9	13
崙子					3	13	13
貓兒錠					3	1	
田町					3	1	4
表町					1		1
廿張犁					下斗崙 1	1	4
九甲埔						2	
海軍官舍						1	

表六　胎兒已分娩後到達

	昭和 18 年 1943	昭和 19 年 1944	昭和 20 年 1945	民國 35 年 1946	合　計
胎兒、胎盤均已娩出	44	73	18	4	
胎盤尚未娩出	5	14	1	2	
臍帶處理不良	1	2	0	0	
特殊狀況	母體發熱 1 雙胞胎 1	母體強出血 1 弛緩性出血 2	母體強出血 1		
	50/269	89/268	19/97	6/41	164/685

表七　產婦年齡分佈

15～19 歲產婦	59 人
20～29 歲產婦	579 人
30～39 歲產婦	339 人
40～49 歲產婦	85 人
未登載產婦年紀	56 人

表八　胎數統計

接　生　胎　數　統　計								
初產	第 2 胎	第 3 胎	第 4 胎	第 5 胎	第 6 胎	第 7 胎	第 8 胎	第 9 胎
199	184	185	101	151	88	59	28	11
第 10 胎	第 11 胎	第 12 胎	第 13 胎	第 14 胎	第 15 胎	第 16 胎	第 17 胎	未登載
15	20	5	6	1	0	0	1	22～17
＊僅登載爲經產婦者：22　未登載者：17								

表九　胎兒體重統計

體重	500 匁以下 1875 克以下	600 匁 2250 克	650 匁 2437 克	700 匁 2625 克	750 匁 2815 克	800 匁 3000 克	850 匁 3187 克
人數	4	14	6	36	18	130	12
體重	900 匁 3375 克	950 匁 3562 克	一貫 3750 克	1100 匁 4125 克	1150 匁 4312 克	1200 匁 4500 克	
人數	34	1	27	20	2	6	

表十　戰後台灣助產養成教育機構及年制

	年　制	學　校　名　稱	開辦 時間	停辦 時間
訓練班	一年制 助產特科	台灣省立台北高級醫事職業學校	1948	1948
		省立台北高級護理助產職業學校	1956	1964
		省立台南高級護理職業學校	1956	1972
		私立聖母高級護理職業學校	1964	1981
高職	三年制助產科	台灣省立台北高級醫事職業學校	1947	1949
		省立台中高級護理助產職業學校	1956	1963
	四年制產護合訓科	台灣省立台北高級醫事職業學校 1953 更改校名爲：省立台北高級護理助產 職業學校	1949	
		省立台中高級護理助產職業學校		
		私立婦嬰高級護理助產職業學校	1963	1967
		私立慈惠高級護理助產職業學校	1964	
		私立敏惠高級護理助產職業學校	1965	
		私立稻江家政職業學校	1968	1971
		私立仁德高級醫事職業學校	1970	
		私立育英高級護理助產職業學校	1970	
		私立崇德高級護理助產職業學校	1971	
		私立新生高級醫事職業學校	1971	
		私立曉明女中	1974	
		私立聖母高級護理助產職業學校	1981	

專科	五年制產護合訓科	私立台北醫學院附設護理助產專修科	1963	1974
		省立護理專科學校	1963	1983
		私立美和護理專科學校	1966	
		私立德育護理專科學校	1967	1976 停招一年
		私立弘光護理專科學校	1967	
		私立中台醫事技術專科學校	1968	
		私立中華醫事技術專科學校	1968	
		私立婦嬰護理助產專科學校	1968	
	三年制護專夜間部助產班	省立護理專科學校	1966	1972

表十一　台灣地區歷年來護理助產畢業學生人數（1950～1988）

年　代	訓練班	高職		專科		總　計
	一年制助產特科	三年制助產職校	四年制護產職校	三年制護專夜間部助產班	五年制護理助產專校	
1950	—	31	—	—	—	31
1951	—	—	—	—	—	0
1952	—	—	32	—	—	32
1953	—	—	49	—	—	49
1954	—	—	44	—	—	44
1955	—	—	67	—	—	67
1956	—	—	97	—	—	97
1957	56	—	61	—	—	117
1958	48	—	56	—	—	104
1959	38	38	58	—	—	134
1960	35	37	59	—	—	131
1961	27	40	95	—	—	162
1962	36	42	63	—	—	141
1963	32	29	76	—	—	137
1964	64	31	185	—	—	280
1965	30	—	178	—	—	208

1966	15	—	319	—	—	334
1967	16	—	224	—	—	240
1968	35	—	318	18	125	496
1969	31	—	427	30	145	633
1970	21	—	482	27	133	663
1971	13	—	515	27	330	885
1972	19	—	539	23	767	1348
1973	19	—	402	26	1143	1590
1974	34	—	672	61	1112	1879
1975	43	—	780	—	1130	1953
1976	50	—	1033	—	975	2058
1977	25	—	1056	—	1066	2147
1978	30	—	1111	—	953	2094
1979	49	—	1261	—	943	2253
1980	44	—	1195	—	1138	2377
1981	41	—	1323	—	1095	2459
1982	46	—	1219	—	1310	2675
1983	—	—	1367	—	1322	2689
1984	—	—	1669	—	1418	3087
1985	—	—	1781	—	1628	3409
1986	—	—	1872	—	1748	3620
1987	—	—	1872	—	1689	3561
1988	—	—	1873	—	1728	3601
總計	897	248	24530	212	21898	47785

資料來源：1. 林王美園（1985），〈助產士功能的回顧展望〉，助產雜誌，22：1-15。

　　　　　2. 陳月枝、余玉眉、江東亮（1990）〈健康保險實施之護理人力供需規劃〉。
　　　　　　台北：行政院經建會。

助產士法及施行細則

助產士法

　　中華民國三十二年九月三十日國民政府制定公布全文三十二條

　　中華民國三十七年十二月二十八日總統令修正公布第十八條、第十九條條文

　　中華民國七十四年五月二十七日總統令修正公布

　　中華民國八十一年四月二十七日華總（一）義字第二一五四號令修正公布第六條、第二十七條至第二十九條及第三十六條條文

　　中華民國八十九年七月十九日華總（一）義字第八九○○一七七六七○號令修正公布第三條、第六條、第十五條及第四十一條條文

　　中華民國九十一年六月十二日華總一義字第○一○○一一九一五○號令修正公布第十條、第二十八條及第三十二條，並增訂第十三條之一、第三十九條之一及第四十四條之一條文

第一章　　總則	
第一條	中華民國人民，經助產士考試及格並依本法領有助產士證書者，得充助產士。
第二條	有左列資格之一者，前條考試得以檢覈行之：
一、	公立或已立案之私立高級助產職業以上學校或經教育部承認之國外助產學校畢業，領有畢業證書者。
二、	在外國政府領有助產士證書，經中央衛生主管機關認可者。前項檢覈辦法，由考試院會同行政院定之。
第三條	本法所稱衛生主管機關：在中央為行政院衛生署；在直轄市為直轄市政府；在縣（市）為縣（市）政府。
第四條	經助產士考試及格者，得請領助產士證書。
第五條	請領助產士證書，應具申請書及資格證明文件，送請中央衛生主管機關審核後發給之。
第六條	有左列情事之一者，不得充助產士；其已充助產士者，撤銷其助產士證書：
一、	曾犯墮胎罪經判刑確定。

二、	曾犯毒品罪經判刑確定。
三、	曾受本法所定除名處分。

第二章　執業

第七條	助產士執業，應向所在地直轄市或縣（市）衛生主管機關送驗助產士證書，申請登記，發給執業執照。
第八條	有左列情事之一者，不得請領執業執照；其已領取者，應撤銷之：
一、	經撤銷助產士證書者。
二、	經撤銷助產士執業執照未滿一年者。
三、	經直轄市或縣（市）衛生主管機關指定之醫療機關，認定精神異常或身體有重大缺陷不能執行助產業務者。
第九條	助產士非領有執業執照，並加入所在地助產士公會，不得執業。
第十條	助產士執業，應設立助產所或接受助產所或醫療院、所約聘。助產士停業、歇業、復業或移轉時，應於十五日內向原發執業執照機關報告。助產士死亡者，由原發照機關註銷其執業執照。

第三章　助產所之設置及管理

第十一條	每一助產士設立助產所以一處為限。前項助產所之設置標準，由中央衛生主管機關定之。
第十二條	助產士申請設立助產所，應備具申請書，向所在地直轄市或縣（市）衛生主管機關，申請核准發給開業執照。
第十三條	直轄市或縣（市）衛生主管機關對於前條之申請，經審核並派員勘查後，認與規定相符者，發給開業執照。
第十四條	助產所停業、歇業、復業、名稱或地址變更時，其負責之助產士應於十五日內檢同原開業執照，報請原發開業執照機關核備。
第十五條	助產所收費，不得違反規定之標準。前項標準，由直轄市、縣（市）衛生主管機關定之。
第十六條	助產所應懸掛開業執照及收費標準於明顯位置。
第十七條	助產所應備接生紀錄並保存十年。

第四章　業務及責任

第十八條	助產士業務如左：
一、	接生。
二、	產前檢查及保健指導。

三、	產後檢查及保健指導。
四、	嬰兒保健指導。
五、	生育指導。
	前項業務，均應製作紀錄。
第十九條	助產士於接生時，發現產婦、胎兒或新生兒有異狀時，應告知其家屬或產婦指定之人延請醫師診治，並予必要之急救處置。
第二十條	助產士於執行正常分娩之接生時，得依需要施行灌腸、導尿、會陰縫合及給予產後子宮收縮劑等項。
第二十一條	助產士非親自接生，不得出具出生證明書或死產證明書。
第二十二條	助產士不得無故拒絕或遲延接生。
第二十三條	助產士受有關機關查詢或委託鑑定時，不得為虛偽之陳述或報告。
第二十四條	助產士除依前條規定外，對於因業務而知悉他人之秘密，不得無故洩漏。
第二十五條	助產士對於其業務，不得以本人、他人或助產所等名義登載或散布虛偽誇張或其他不正當之廣告；其管理辦法，由中央衛生主管機關訂定之。
第五章　懲處	
第二十六條	助產士出租證件、重領證件或於業務上有不正當行為者，得予一月以上一年以下之停業處分，或撤銷其執業執照及開業執照。其涉及刑事責任者，並應移送該管檢察機關依法辦理。
第二十七條	違反第九條、第十條第一項、第十一條、第十二條、第十五條第一項、第十七條、第十九條或第二十一條至第二十五條之規定者，處新臺幣三千元以上三萬元以下罰鍰；其情節重大者，得予一月以上一年以下之停業處分或撤銷其執業執照及開業執照；其涉及刑事責任者，並應移送該管檢察機關依法辦理。
第二十八條	違反第十條第二項、第十四條或第十六條之規定者，得予警告處分。一年內受二次以上警告處分者，處新臺幣三百元以上三千元以下罰鍰。
第二十九條	非助產士擅自執行接生業務者，處一年以下有期徒刑，得併科新臺幣六千元以上六萬元以下罰金。但醫師法另有規定或在助產士、產科醫師指導下實習之助產學校學生或臨時施行急救者，不在此限。
	犯前項之罪因而致人於死者，處五年以下有期徒刑，得併科新臺幣一萬五千元以上十五萬元以下罰金；致重傷者，處三年以下有期徒刑，得併科新臺幣九千元以上九萬元以下罰金。

第三十條	依本法爲警告、處罰鍰、停業、撤銷執業執照或開業執照之機關爲直轄市或縣（市）衛生主管機關。撤銷助產士證書之機關爲中央衛生主管機關。
第三十一條	依本法所處罰鍰，經通知逾期不繳納者，由直轄市或縣（市）衛生主管機關移送法院強制執行。

第六章　公會

第三十二條	助產士公會分縣（市）公會及省（市）公會，並得設全國助產士公會聯合會於中央政府所在地。
第三十三條	助產士公會之區域，依現有之行政區域，在同一區域內，同級之公會以一個爲限。
第三十四條	直轄市及縣（市）助產士公會，由該轄區第三十五條域內助產士九人以上發起組織之；未滿九人者，得加入鄰近區域之公會或共同組織之。
第三十五條	省助產士公會之設立，應由該省內縣（市）助產士公會五個以上之發起及全體過半數同意組織之；其縣（市）公會不滿五單位者，得聯合二個以上之省共同組織之。
第三十六條	全國助產士公會聯合會應由省或直轄市助產士公會過半數完成組織後，始得發起組織。但經內政部會商中央衛生主管機關同意後核准者，不在此限。
第三十七條	各級助產士公會之主管機關爲社會行政主管機關。但其目的事業，應受衛生主管機關之指導、監督。
第三十八條	各級助產士公會置理事、監事，均於召開會員（代表）大會時，由會員（代表）選舉之，並分別成立理事會、監事會，其名額如左：
一、	縣（市）助產士公會之理事不得逾九人。
二、	直轄市助產士公會之理事不得逾十五人。
三、	省助產士公會之理事不得逾二十一人。
四、	全國助產士公會聯合會之理事不得逾二十七人。
五、	各級助產士公會之監事名額，不得超過各該公會理事名額三分之一。
六、	各級助產士公會均置候補理事、候補監事，其名額不得超過各該公會理事、監事名額三分之一。
	前項各款理事、監事名額在三人以上時，應分別互選常務理事及常務監事；其名額不得超過理事或監事總額三分之一，並應由理事就常務理事中選舉一人爲理事長；其不設常務理事者，就理事中選舉之。
第三十九條	理、監事任期均爲三年，連選連任者不得超過二分之一；理事長之連任，以一次爲限。

第四十條	助產士公會每年開會員（代表）大會一次，必要時得召開臨時大會。助產士公會會員人數超過三百人以上時，得就會員分布狀況劃定區域，由各區域會員選舉代表，召開會員代表大會，行使會員大會之職權。
第四十一條	助產士公會應訂立章程，造具會員簡歷表及職員名冊，送請所在地社會行政主管機關立案，並分送中央及直轄市、縣（市）衛生主管機關備查。
第四十二條	各級助產士公會之章程，應載明左列各項：
一、	名稱、區域及會所所在地。
二、	宗旨、組織、任務或事業。
三、	會員之入會及出會。
四、	理、監事名額、權限、任期及其選任、解任。
五、	會員（代表）大會及理、監事會會議之規定。
六、	會員應遵守之公約。
七、	經費及會計。
八、	章程之修改。
九、	其他處理會務之必要事項。
第四十三條	各級助產士公會會員（代表）大會或理、監事會之決議有違反法令或章程者，得由主管機關撤銷之。
第四十四條	助產士公會會員有違反法令或章程之行為者，公會得依理、監事或會員（代表）大會之決議處分；其違反章程應予除名處分者，須經會員（代表）大會通過，將其事實證據報請中央衛生主管機關核備，並應分送內政部備查。
第七章　附則	
第四十五條	本法施行細則，由中央衛生主管機關會同內政部擬訂，報請行政院核定之。
第四十六條	本法自公布日施行。

助產士法施行細則

第一條	本細則依助產士法（以下簡稱本法）第四十五條規定訂定之。
第二條	請領助產士證書者，應檢具左列文件及證書費，報由當地衛生主管機關層轉或逕報中央衛生主管機關核辦。
一、	考試院頒發之助產士考試及格證書。

二、	醫事人員申請登記給證卡片一組。
三、	最近二寸正面脫帽半身照片三張（背面註明本人姓名、籍貫及出生年月日）。
第三條	助產士證書遺失申請補發者，應填具補領申請書，並檢具前條規定應繳文件及證書費，報請原發證書機關補發。其失而復得者，應將原發之證書繳銷。
第四條	請領之證書損壞申請換發者，應填具換領申請書並檢具前條規定之文件及證書費，連同原證書，報請換發。
	依前二項規定補發或換發之證書，中央衛生主管機關應將補發或換發之事由刊載公報。
第五條	助產士執業應填具申請書，並檢具左列文件及執照費，向所在地直轄市或縣（市）衛生主管機關申領執業執照。
一、	助產士證書及其影本一份。助產士兼具護理師、護士資格者，應同時繳驗護理師、護士證書，驗畢後發還。
二、	國民身分證及其影本一份（身分證驗畢後發還）。
三、	最近一寸正面脫帽半身照片三張（背面註明本人姓名、出生年月日）。
四、	執業所在地助產士公會會員證明文件。
第六條	助產士執業執照遺失申請補發或損壞申請換發者，應填具申請書，並檢具左列文件及執照費，報請原發執業執照機關補發或換發。
一、	國民身分證（驗畢後發還）。
二、	最近一寸正面脫帽半身照片一張（背面註明本人姓名、出生年月日）。
	依前項規定申請換發執業執照者，應同時檢繳損壞之執業執照。申請補發執業執照後，其原發執業執照失而復得者，應即繳銷。
	依第一項補發或換發之執業執照，應於正面加蓋「補發」或「換發」字樣。
第七條	助產士停業、歇業、復業或移轉執業處所，應填具申請書，檢同執業執照，依本法第十條第二項規定，報請原發執業執照機關依左列規定辦理。
一、	停業者，收存其執業執照，並於其上記明停業期間。復業時，記明復業日期後發還之。
二、	歇業者，註銷其執業執照。。
三、	移轉執業處所者，在執業執照註明新執業處所。
第八條	本法所稱助產所，指助產士執行業務之處所，得依需要設置九床以下之觀察床。第九條助產所以申請設立之助產士為負責人。

第十條	申請設立助產所，應填具申請書，並檢具左列文件及執照費，向所在地直轄市或縣（市）衛生主管機關申領開業執照。
一、	負責人之助產士證書、公會會員證、國民身分證影本及其兩寸正面半身脫帽照片三張（背面註明本人姓名、出生年月日）；其聘有助產士者，並應檢附受聘者之助產士證書，公會會員證及國民身分證影本。
二、	助產所之建築物平面圖。
三、	設備表。
第十一條	助產所開業執照遺失申請補發或損壞申請換發者，應填具申請書，並檢具左列文件及執照費，報請原發開業執照機關補發或換發。
一、	國民身分證（驗畢後發還）。
二、	最近兩寸正面脫帽半身照片一張（背面註明本人姓名、出生年月日）。
	依前項規定申請換發開業執照者，應同時檢繳損壞之開業執照。申請補發開業執照後，其原發開業執照失而復得者，應即繳銷。
第十二條	助產所停業、歇業、復業或地址變更時，應填具申請書，檢同開業執照，依本法第十四條規定報請原發開業執照機關依左列規定辦理：
一、	停業者，收存其開業執照，並於其上記明停業期間，復業時，記明復業日期後發還之。
二、	歇業者，註銷其開業執照。
三、	名稱或地址變更時，換發其開業執照
	對於前項第三款地址變更之申請，衛生主管機關應依本法第十三條規定辦理。
第十三條	本法第二十一條所稱出生證明書、死產證明書及本細則第二條第二款所定醫事人員申請登記給證卡，其式樣由中央衛生主管機關定之。
第十四條	本法第二十三條所稱有關機關，指衛生、治安、司法或警察機關。
第十五條	依本法之規定應組織助產士公會之區域，其未組織公會者，由社會行政主管機關輔導其組織之。
第十六條	各級助產士公會會址，應設於各級政府所在地。但因情形特殊，經報請社會行政主管機關核准者，不在此限。
第十七條	本細則所定證書費及執照費，其費額由中央衛生主管機關定之。
	前項證書費及執照費之徵收，依預算程序辦理。
第十八條	本細則自發布日施行

附錄 2：產婦訪談

產婦 A：

年齡：90 歲

生育子女數：6 名

接生者：先生娘

生產地點：自家

> 𠊎 20 歲正供頭胎仔，𠊎還記得很清楚，那朝晨𠊎起來就感覺有角樣，肚子尾當重，像人要跌落來共樣，腰骨當酸，𠊎還不敢撈𠊎老公講，去撈𠊎嬸仔講，𠊎家娘聽佢講說了正趕緊叫人去關東橋叫產婆來屋下看𠊎。產婆來的時節𠊎肚子正大痛，無一下子細人就供落來了，頭胎仔痛下久，抱尾還下快，有一擺，產婆險險赴毋差。那時節𠊎哩庄下大家都是叫這位何先生娘，我不知佢有牌無，冇牌怕麻該？佢當曉得，檢細人極好勢，𠊎哩庄下通棚尋佢來屋下剸臍，當親切！𠊎毋記得包幾多錢分佢，那係𠊎家官主意个事情，太體無幾多錢，庄下人無人尋先生撿細人个，歹勢啊！先生通係男人，𠊎哩婦人家供細人尋產婆、先生娘就做得咧！有兜人還下鏘，自家剸臍喔！我無按鏘，供六個細人通旁係何先生娘撿个。〔註 2〕

產婦 A 覺得 20 歲生第一胎是有點晚的，肚子痛了還不好意思告訴丈夫，怕耽誤他工作，接生者不是由產婦決定，而是家中公婆找同村人慣常找的「何先生娘」，接生費也不是她付的，她認爲接生應該找女人，技術好和親切比執照重要。

〔註 2〕這是客家話發音的訪談記錄：意思是：我 20 歲才生第一胎，我還記得很清楚，那天早上我起來就覺得有不一樣，下腹部很重，向要掉下來似的，腰很酸，我還不趕跟老公說，跟我小嬸說，我婆婆聽說了才趕快叫人去關東橋請產婆來看我。產婆來的時候我的肚子正痛的很厲害，沒多久小孩就生下來了，頭一胎痛比較久，後來的比較快，有一次產婆差一點來不及幫我接生，那時候我們鄉下大家都是找這位何先生娘接生，我不知道她有沒有執照，沒執照有什麼關係？她技術很好，接生很熟練，我們村子裡的人全部都是找她來家裡斷臍，她對人很親切。我不記得包多少錢給她，那是我公公作主的事，大概不太多錢，鄉下人沒有人找醫生接生的，不好意思嘛！醫生都是男人哩，我們女人生孩子找先生娘或是產婆就行了，有的人更厲害，自己斷臍喔！我沒有那麼行，生六個小孩都是請何先生娘接生。

產婦 B：
年齡：78 歲
生育子女數：6
生產地點：自家
接生者：丈夫

> 我們山東家鄉生小孩都找「老牛婆」接生，可我生小孩是我先生接
> 的，沒辦法！我生頭一胎在海南島，逃難啊！我先生讀過書，他就
> 給我斷臍啊！可是那孩子後來拉肚子，我們逃難連飯也沒能吃飽哪
> 有藥啊，一個孩子就這樣沒了！來到台灣，我們家窮啊！生孩子都
> 是我先生斷臍，五個孩子倒都沒事，長得也還好，老天保佑，我們
> 逃難的時候，有別人要生孩子，哪有醫生？我先生就去幫別人接生。
> 大家都在逃難嘛！能幫就幫嘍！來到台灣，我們村子裡（眷村）有
> 的人會請助產士來家裡接生，他們比較有錢，好像都是叫關東橋的
> 王金英。也有一些山地人身體好，會自己斷臍，看她大著肚子走出
> 去，隔一下就抱個娃娃回來。

產婦 B 是一位山東籍的眷村老太太，與丈夫隨軍隊撤退來台，在逃難中生孩
子，由看過接生手冊的丈夫接生，先生幫其他難友接生，他認為可以幫助同
行難友是不錯的事。來到台灣後為了省錢，仍然由丈夫接生，對於同村其他
人可以找助產士接生感到羨慕，可是看到經濟情況更不好的原住民婦女自己
斷臍，覺得好過些。

產婦 C：
年齡：75 歲
生育子女數：4
生產地點：自家
接生者：助產士

> 阮那陣生囝仔攏地厝裡，我生四個囝仔，兩 e 查埔兩 e 查某，頭一
> 胎恰困難，痛恰久，大概痛一暝甲一晡，阮兜底苦苓腳，肚子痛才
> 叫產婆「銀官」來撿生，伊底日本時代就真出名，伊騎一台腳踏車
> 從城仔來到阮厝裡，伊一來就來甲我檢查，講要開五指才會生，呀
> 未開透伊就教我走走咧，我肚子痛走無法，伊就甲我插咧走，甲我
> 鬥搓肚子，到骨門開透，我就倒底眠床生，伊有傳便消毒的物件，

伊提一卡かぼん裝伊剖臍的傢俬，腳手眞瀏俐，囝仔生出來就甲洗
身軀，威出來了後，拿給阮尪去埋，伊過會甲我巡頭巡尾才返去，
過等工，銀官過會來甲阮囝仔洗身軀，洗到肚臍落。我聽人講，有
的人無是底眠床生，是底土腳生，用稻草鋪下腳用稻草，舊布、舊
衫鋪頂頭，蹲底土腳亦是坐一塊小卡椅仔，卡好足力，生了才倒去
眠床，我沒看過。人咧生囝仔咱歹勢去看啦！〔註3〕

產婦 C 是福佬人，家中經濟情況相當不錯，住在南寮附近卻大老遠找城裡有
名的助產士來家裡接生，她覺得助產士銀官技術好、又親切，相當滿意。對
於其他生產方式她雖然聽過但是沒有看過，也沒什麼興趣。

產婦 D：
年齡 68
生育子女數：3
生產地點：助產所
接生者：助產士

我一共生三個小孩，都是在助產所生的，前面那家助產所很出名，
離我家很近，我剛懷孕我鄰居就帶我去產前檢查，那個助產士很厲
害，聽一聽小孩心跳就知道是男是女，我懷第二胎時胎位不正，那
個助產士教我每天要趴在床上屁股翹高高，後來小孩就正了，生得
很順利，生第一胎時不懂，預產期還沒到半夜肚子就痛了，我還以
爲還沒，可是痛的受不了，水又來了趕快去助產所，已經開三指了，
還好來得及！助產所跟醫院差不多啦！去到如果要生了就留在那裡

〔註 3〕 這位產婦是福佬人，這是福佬話訪談紀錄意思是：我們那時候生小孩都是在
家裡，我共生了四個小孩，兩男兩女，頭一胎比較困難，痛比較久，大概痛
了一夜和一天，我家在苦苓腳，肚子痛才叫產婆「銀官」來接生，她在日本
時代就很出名了，她騎腳踏車來我家，一來就先幫我檢查，說要開五指才會
生，還沒開全她就教我走一走我肚子痛走不動，她就攙扶著我走，幫我採肚
子，到骨門開全，我就躺在床上生，她準備好消毒的器械，她帶一只皮包裝
她的工具，手腳很伶俐，小孩出生後，她給嬰兒洗澡，胎盤出來後他把胎盤
交給我先生去埋，然後她還觀察、照顧我才回去，第二天，銀官還來給我的
小孩洗澡，一直到嬰兒臍帶脫落。我聽說有的人生小孩不是躺在床上生產，
是在地下生，用稻草鋪下層，上面鋪舊布、舊衣服，產婦蹲在地下，或是坐
在一張小椅子上，比較好使力，生完才躺上床，我沒看過，別人生小孩，我
們怎麼好意思看呢？

等，有床可以躺，也可以走來走去，他有一個欄杆可以扶著走，幾個要生的產婦肚子痛躺不住都在那裡扶著欄杆走，助產士如果沒在接生也會陪我們聊天，生產是在產房，躺在一張床上，有兩個架子架腳，還有兩個把手給我們拉著用力，像划船一樣，只要聽助產士的口令，肚子痛才可以用力，孩子生下來就舒服了。生完她們會煎兩個蛋給我們「壓腹」，還有喝中將湯，生完兩天就回家了，我因為媽媽婆婆都沒辦法幫我坐月子，助產士就叫她們小姐每天來幫我小孩洗澡，洗到滿月喔！我本來前面生了兩個男孩就不要生了，可是隔幾年又懷孕，我跟助產士講，生完第三胎助產士就叫一個婦產科醫師來幫我結紮，開刀結紮，因為政府有補助，沒花到什麼錢。

產婦 D 是在助產所生產，選擇助產所的理由是離家近、口碑好、鄰居介紹。她認為這家助產所的助產士技術好、待人親切，她相當滿意助產士提供的服務。

產婦 E：

年齡 70
生育子女數：6
生產地點：助產所
接生者：助產士

我生了六個小孩，全部都是女兒，本來到第三個我就不生了，可是我先生不肯，所以就一直生了六個，我都是在我先生的堂姐開的助產所生的，我們是親戚，當然要去她那裡生，助產士技術都差不多啦！可是她那裡好像八字根我不合，連續生六個女兒，實在很丟臉喔！我記得我生老四的時候，我娘家阿姑叫我換一家助產所去生，說那個產婆的「手勢」比較好，我也有偷偷去她那裡檢查，（不敢給我先生知道啊！），她給我聽肚子，也說是女兒，我想既然又是女兒想拿掉，可是產婆說太大了，不行拿！只好生啊！小孩要不要跟我們注好好的啦！還好我的女兒他們都有生到兒子，不然我就難交代嘍！在助產所生小孩比較好啊！產婆是女的嘛！我們比較自然！我生到第四胎，我婆婆聽到是女的，連來都不來ㄌㄟ，還好有產婆照顧我，我有拿錢給她，她們做產婆的專門弄這些，很會煮，我那一次月子做得很好，身體整個都好起來，親戚還是照顧得比較周到啦！

所以我第五、第六兩胎還是去給她接，也都在她那裡坐月子，連幾個大的小孩也來一起吃，比現在的坐月子中心還方便，我女兒後來要生的時候我也想拜託這個助產士，可惜她已經退休了！我生到36歲還在生真是歹勢！我記得生第六胎，懷孕的時候我都躲起來，怕人家笑，生完我跟我先生講我一定不要再生了！我先生還是不答應，我叫助產士幫我叫醫生來幫我「綁起來」（結紮），她說沒有先生同意不行，可是我生完滿月她就幫我裝樂普，我後來就沒生了，好像隔5年要換樂普，我換的時候才跟我先生講，那時候我已經四十幾，我老大已經讀大學了，我先生就沒說什麼！

產婦E因為婆婆、丈夫重男輕女的觀念下為了要生兒子，一連生了六個女兒，助產所提供了坐月子的服務，對於助產所的照顧包括在她不想再生孩子時提供的避孕服務充滿了感謝。

產婦F：
年齡68
生育子女數：3
生產地點：助產所
接生者：助產士

　　我自己是助產士，懷第一胎的時候還在醫院上班，前一天下午肚子開始有醫點痛，我同事看我屁股歪來歪去就問我是不是肚子痛，她還去幫我準備病房，照規定我們醫院的護士可以住二等病房。我打電話回家，我婆婆也是助產士她叫我先生來醫院接我，要我回家裡的助產所生。回到家，肚子反而不痛了，我就趁機把東西整理出來，洗頭洗澡等著要生，這時婆婆煮了三個蛋給我吃，她說要吃飽才有力氣，夜裡陣開始，可是胎頭還沒下來，我就爬起來走路，天亮後，陣痛越來越厲害，子宮頸終於開全了，我痛的受不了大叫，我婆婆告訴我痛就跟著用力，果然痛的時候用力很有效，在最痛的時候用幾次力孩子就生出來了。沒生過孩子不知道用力是怎麼回事，幫人家接生也講不清楚，自己生過一次，才完全體會生產的過程。第一胎我痛了足足12小時才生，第二胎就好生很多，只痛了6小時就生了，第三胎是男孩，胎頭比較大，體重又重，痛了10小時才生。第四胎也很快，大概5、6個小時就生出來了，最後一胎，可能是我在

> 生完第四胎後不想再生，所以連續去打了兩次胎，沒想到後來又懷
> 孕，不敢再打胎才決定生，可是子宮比較弱，陣痛一直持續但是陣
> 痛不強也不密集，我只好去外面走，肚子痛就站一下，沒痛就走路，
> 逛了好久，等陣痛密集才回家。我 5 個小孩都是婆婆接生的，她從
> 日本時代就做產婆，技術很好，我在自己家的產院生小孩，一切都
> 很方便。那時產院的生意很好，接生的 Case 很多，我生完第一胎休
> 息兩小時就下床幫其他產婦換藥，被我婆婆罵，她說還是要休息，
> 我才回房間，坐月子期間我也沒什麼特別補，但是可以充分休息，
> 半夜不用起來接生。

產婦 F 本身是助產士，對於生產本來就具備豐富的知識，而自己親身的體驗
使她在接生時更能了接產婦的感受，生產的經驗對她日後接生有很大的幫
助。由同為助產士的婆婆接生，她覺得很自然、方便。

產婦 G：

年齡：70 歲
生育子女數：4 名
接生者：婦產科醫師
生產地點：診所

> 我一共生四個小孩，兩男兩女，都是婦產科醫師科醫生接生，我先
> 生決定的啦！他說我二十七歲（筆者推算：1961）才生第一胎，怕
> 不好生，就找一位婦產科醫師，有去他那裡檢查、第一次生沒經驗，
> 半夜覺得肚子一點點痛，就去敲醫生的門，他給我檢查一下，說還
> 沒就把我趕回家，過一天，又這樣，又被他趕回來，真是歹勢的要
> 命，等到第三天肚子真的大痛了，我去到醫院，醫生說已經開三指
> 了！醫生說這次要生了，不用回家，後來就很順利啊！第二胎也是
> 找這個醫師接！第二胎比較快，我也知道了，感覺肚子有一點重，
> 我就去洗頭，家裡整理好，大女兒託給我嫂嫂，都安排好才去找醫
> 生，也很順利。生第三胎時，原來那個醫生出國，剛好我小姑的婆
> 家那邊有一個親戚是婦產科醫師，她介紹我去，我就去給他接啦！
> 這個醫生是台大畢業的喔！技術也不錯，可是先生娘很「鏘卡」（屬
> 害、幹練），我們去，她非常親切，生完小孩她還幫我「補肚」，她
> 們診所請的小姐都是這個先生娘在管，生完回家，她還叫小姐來我

家幫小孩洗澡，以前兩胎都沒有啊！我感覺這種服務很好，第四胎
也去他那裡生，生完醫生說我已經有兩男兩女不用再生了，就結紮
啦！我們那時候生小孩，比較少人找醫生，醫生比較貴啦！後來醫
生比較多，比較競爭，先生娘的責任也很大，我後來去的那個醫生
娘幫她丈夫拉了好多客人，她先生只管接生其他的事都是醫生娘在
「按耐」。

產婦 G 由丈夫決定去婦產科醫師診所生產，先後由兩位醫師接生，對於醫師
技術沒有特別提起，但是對後面那位醫師太太的服務卻印象深刻。

產婦 H：
年齡：55 歲
生育子女數：2 名
接生者：婦產科醫師
生產地點：第一胎在醫院，第二胎在診所

　　我只生一男一女，第一胎因為公務員眷屬公保的關係在空軍醫院生
產，我沒有指定醫師，醫院也沒有人特別照顧我，我肚子痛只能在
醫院中走來走去，走的好累，雖然先生陪我，但是第一次生產沒經
驗，感覺肚子的疼痛好樣沒有盡頭使我覺得好無助，第一胎是女兒
生下來 3000 公克還好。第二胎幫我接生的是我先生的同學也是好朋
友，在他的診所生，第二胎比較難生，他的頭太大，我生了好久，
好累，記得我肚子不痛時我就很想睡覺，痛的時候就叫醫生給我開
刀，醫師很堅持，說我可以生，他在我待產的時候放音樂給我聽，
還問我想聽什麼音樂，我說我要聽「悲愴」和「命運」，醫師太太我
也很熟，還好那是一個我比較可以放鬆的環境，醫師、醫師太太一
直鼓勵我，否則我一定會放棄自然生產而進行剖腹產。這位醫師是
很有醫德的，他不太給產婦開刀，也不太贊成結紮手術，我避孕沒
吃藥也沒有裝避孕器，都是身體觀察法，觀察我我的分泌物和月經，
只有一、兩次不準，我拿過一次小孩，也是找這個醫師，我的身體
算很好，醫師說如果大家得身體都像我一樣好，醫師都要喝西北風
了，我們一家跟這個醫師都很好，我小孩小時候感冒、生病沒有去
看小兒科，都給他看，好像小時候學校考試，題目是：「生病時應該
給什麼科醫師看？」他選「婦產科醫師」被老師打錯，還很不服氣

哩！這個醫師的太太是藥劑師，所以也在他的在診所一起工作，他請了兩、三個護士幫忙，這幾個護士都不是正規護士學校的，可是他訓練她們，她們都技術不錯，有時候醫師不在，正常產她們也可以接，其中有一個從小姐做到結婚生子後，除了沒有執照，其他都不輸助產士，是醫師的得力助手。現在我碰到更年期的毛病，不舒服還是去找他，我不願意吃太多藥，可是真的不能忍受了，他會給我打一針或給一些藥，我吃了就感覺輕鬆很多，可是我覺得像吸毒，怕會上癮，盡量靠多運動，心理調適來看待「我老了」這個事實。

產婦 H 先在醫院生產經驗不甚好，後來在朋友的診所生產，受到比較好的照顧，這位婦產科醫師後來是她們一家人的醫師。

產婦 I：

年齡：52

生育子女數：2

接生者：婦產科醫師

生產地點：婦產科診所

我生了一男一女，都是在婦產科診所生的，那家個婦產科醫師就在我們的店旁邊，我去產前檢查很方便，醫師娘常來跟我買麵包，人很客氣，我懷第一胎，沒經驗，長輩又沒有住在一起，醫師娘教我很多，要生的時候大概痛了一天一夜，我先生要做生意，只能一、兩個鐘頭跑過來看我一下，看還沒有生就又回去，醫師只來給我檢查兩次，其他都是護士小姐跟醫師娘陪我，生完，還煎蛋給我「壓腹」，因為住隔壁，我第二天就回家了，那醫師娘親自來幫我的小孩洗澡，洗到滿月，真是親切。到生第二胎，我們搬家了，還是去那家婦產科生，這一胎比較快，生了一個女兒，4000 公克耶！那時我不知道被什麼鬼迷了，覺得一年一個實在太累，避孕麻煩，生完就順便結紮了，因為有兩個小孩要顧我只好回南部婆家坐月子，醫師娘沒辦法來幫我女兒洗澡，沒想到我這個女兒不跟我，我女兒出生一星期發燒就走了，我坐月子哭得要死，我媽一直怪我，我後來身體都很不好，很後悔結紮，要是沒結紮，還可以再生，偏偏……都是命啦！我做完月子回新竹，有一次遇到那個醫師娘，他聽說我孩子沒了，嚇了一跳，很不好意思叫我結紮，其實是我自己怕麻煩，

不能怪她們啦！醫師娘有說如果有未婚媽媽生的小孩，他可以幫我留意，讓我領養，我想還是不要，所以就只有一個兒子啦！今年28嘍！

產婦I兩次的生產經驗都不錯，對於為她接生的醫師沒有多提，對於醫師太太的親切、熱心印象深刻，唯因為怕避孕麻煩，在生完第二胎就進行輸卵管結紮，結果不幸第二個小孩夭折，使她悔恨不已。

產婦J：
年齡：35
生育子女數：3人，目前正懷第四胎
接生者：婦產科醫師
生產地點：婦產科診所、醫院

我這個年齡的人很少生到第四胎的，但是我這一胎才是計畫中懷孕的，前三胎都是計畫外的。我第一、二胎都是生兒子，第三胎是女兒，我覺得女兒好可愛，我媽媽只生我和妹妹，我和妹妹感情很好，我希望我女兒也有一個妹妹作伴，所以我真正計畫要生這個小孩，醫生說百分之八十是女兒。我和老公都很高興。

我前三胎都是剖腹產，所以這一胎也是要剖腹啦！我懷第一胎胎位不正所以只好剖腹，是在婦產科診所，那位醫師請另外一位醫師一起幫我開刀，後來第二胎我原先去的診所醫師移民了，還好原先幫我開刀的醫師到省立醫院任職，我就去省立醫院找他，我不知道為什麼胎兒吸收得太好，醫師判斷嬰兒會很大，如果自然生會很難生所以就幫我開刀，第三胎也一樣剖腹，醫師說因為是他開的，他很清楚狀況，所以第四胎再剖腹也沒問題。

第一胎我嘗試要自然生產，可是胎位不正，我實在不想冒險，所以其實沒有真正的經歷陣痛，只覺得腰酸，屁股很重，很快就決定進行剖腹產。第三胎時先破水，然後肚子就痛起來了，真的非常痛，比起開刀後的痛厲害多了。現在醫院都會準備「疼痛控制機」，就是一種止痛劑的裝置，在點滴中裝一個控制閥，痛的時候按一下按鈕，止痛藥就會流入點滴中，所以開刀後也不會太痛。生小孩的過程我覺得沒太大的問題，懷孕過程行動不便和坐月子時照顧嬰兒比較困擾，我記得生第一胎時，因為我們小時候是外婆帶的所以我媽媽也

不會幫嬰兒洗澡，我婆婆在南部不能來照顧我，真的搞的很慘，那時我還在園區上班，保母很難找，只好把小孩送到南部婆婆家，我媽媽照顧我坐月子，做完月子就回去上班，一、兩個星期回南部一次，慢慢跟我婆婆學。到生第二胎還不太會洗，所以老二也送回去給婆婆養，生了兩個孩子可是跟沒有孩子一樣，下班回家空蕩蕩的，孩子跟我也不太親，於是我決定辭掉工作，把孩子接回來，那時老大已經快四歲老二滿兩歲了，我們慢慢互相適應，這時我開始去教會，教會裡的牧師、姊妹們給我很多幫助，生老三時我已經能很熟練的照顧小孩，老三我餵母奶，跟我就很親，也許是她太可愛了我才決定再生老四。

（六）台灣助產士大事記

西元年	台灣年	大　　　事　　　記
1895	明治 28 年	台灣成為日本殖民地。
1898	明治 31 年	七月台北病院產婦人刻獨立設科，原產科、婦人科係至於外科內部，此為台灣「產婦人科」的開始。
1901	明治 34 年	一月原擬由宋忠堅牧師娘主持之「台南女醫院」計劃因宋病逝終止。 八月川添正道任台北醫院婦產科部部長。
1902	明治 35 年	五月制定「產婆養成規定」
1904	明治 37 年	十一月川添正道任台灣總督府醫院醫長兼台北醫院婦產科部部長。
1906		七月「台灣總督府助產婦講習生規則」訂正。
1907		七月錄取楊氏順等十一名為助產婦講習生。係依照「台灣總督府助產婦講習生規定」授與台北醫院台灣人女性有學習助產必要之學科。
1920	大正 9 年	九月高敬遠創設「高產婦人科醫院」於台北市大稻埕，是為台灣第一所私立婦產科醫院。 十一月蔡阿信畢業於東京女子醫學專門學校，成為台灣第一位女醫師。
1922	大正 11 年	二月「助產婦講習生規程」改正 八月迎諧任台北醫院婦產科長 九月依據內務省告示及「產婆規定」台北醫院被指定為助產婦講習所。 十月「台灣產婆規則」公佈，對助產士管理，予以統一。
1923	大正 12 年	台灣省產婆考試規則公佈 設置台灣總督府台北醫院看護婦助產婦講習所。
1924	大正 13 年	十月 「台灣總督府台北醫院助產婦講習所」制訂。「助產婦速成科規則」制訂。
1926	昭和元年	六月 蔡阿信於台中市大正町開設「清信醫院」
1927		張文伴醫師通過許可，在台北州設置全台第一所私立產婆學校──蓬萊產婆講習所。
1928	昭和 3 年	蔡阿信於台中清信醫院創設「產婆講習所」

1929		高敬遠醫師於台北設置「高產婆講習所」
		楊金虎醫師於高雄創設「仁和產婆講習所」
		謝銹治醫師於台南設「產婆講習所」
		張乃賡醫師於嘉義設「一三會產婆講習所」
		張錦燦醫師於嘉義設「嘉義產婆講習所」
		吳蔡綾絹醫師於台中設「台中產婆講習所」
1931		總督府制定「台灣產婆學校及產婆講習所指定規則」以確保私立產婆學校教育品質。
1943	民國 32 年	公布「助產士法」
	民國 34 年	社會部衛生署會同訂定發布「助產士法施行細則」
1947	民國 36 年	台灣省立台北高級醫事職業學校開辦三年制助產科
1948	民國 37 年	修正助產士法第 18 條、第 19 條條文。台灣省立台北高級醫事職業學校開辦一年制助產特訓科，同年停止。
1949	民國 38 年	台灣省立台北高級醫事職業學校開辦四年制產護合訓科。三年制助產科停辦。
1953	民國 42 年	台灣省立台北高級醫事職業學校更改校名為：省立台北高級護理助產職業學校
1956	民國 45 年	省立台北高級護理助產職業學校開辦一年制助產特訓科。省立台南高級護理職業學校開辦一年制助產特訓科。省立台中高級護理助產職業學校開辦三年制助產科。
1958	民國 47 年	十二月十五日內政部修正「助產士法施行細則」發布
1963	民國 52 年	私立婦嬰高級護理助產職業學校成立四年制產護合訓科。私立台北醫學院附設五年制護理助產專修科。省立護理專科學校成立 5 年制護理助產合訓科。省立台中高級護理助產職業學校三年制助產科停辦。
1964	民國 53 年	私立慈惠高級護理助產職業學校成立四年制產護合訓科。
1965	民國 54 年	私立敏惠高級護理助產職業學校成立四年制產護合訓科。
1966	民國 55 年	私立美和護理專科學校成立五年制產護合訓科。省立護理專科學校成立三年制護專夜間部助產班。
1967	民國 56 年	私立德育護理專科學校成立五年制產護合訓科。私立弘光護理專科學校成立五年制產護合訓科。私立婦嬰高級護理助產職業學校四年制產護合訓科停辦。

1968	民國 57 年	私立中台醫事技術專科學校成立五年制產護合訓科。 私立中華醫事技術專科學校成立五年制產護合訓科。 私立婦嬰護理助產專科學校成立五年制產護合訓科。 私立稻江家政職業學校成立四年制產護合訓科。
1970	民國 59 年	台灣婦產科醫師接生比率首度超越助產士。 私立仁德高級醫事職業學校成立四年制產護合訓科。 私立育英高級護理助產職業學校成立四年制產護合訓科。
1971	民國 60 年	私立新生高級醫事職業學校成立四年制產護合訓科。 私立崇德高級護理助產職業學校成立四年制產護合訓科。 私立新生高級醫事職業學校成立四年制產護合訓科。 私立稻江家政職業學校四年制產護合訓科停辦。
1972	民國 61 年	省立台南高級護理職業學校一年制助產特訓科停辦。
1974	民國 63 年	私立曉明女中成立四年制產護合訓科。 私立台北醫學院附設五年制護理助產專修科停辦。
1976	民國 65 年	私立德育護專停招一年。
1981	民國 70 年	私立聖母高級護理助產職業學校成立四年制產護合訓科。
1983	民國 72 年	衛生署宣布行政命令：醫療院所之助產士，不得獨自接生。
1985	民國 74 年	五月二十七日總統修正公布「助產士法」
1990	民國 79 年	修正「助產士法」第 6 條、第 27 至第 29 條及第 36 條條文
1991	民國 80 年	全面停辦助產教育。
1992	民國 81 年	衛生署取消公立醫院助產士編制。
1999	民國 88 年	輔英技術學院成立四年制助產系。
2000	民國 89 年	國立台北護理學院成立護理助產研究所。 修正公布「助產士法」第 3 條、第 6 條、第 15 條及第 41 條條文。
2002	民國 91 年	修正公布「助產士法」第十條、第二十八條及第三十二條，並增訂第十三條之一、第三十九條之一及第四十四條之一條文
2003		「助產人員法」通過
2004		首批「助產師」通過國家考試，共錄取 57 人

照片 1　妊產婦名簿外觀

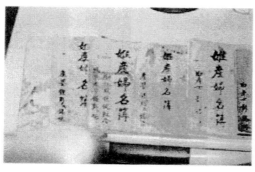

照片 2　妊產婦名簿內容

照片 3　助產士彭錫妹

照片 4　產婆攜帶的工具（1）

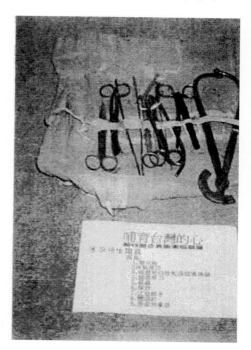

照片 5　產婆外出接生攜帶的物品（2）

照片 6　以木製胎心筒聽胎心音

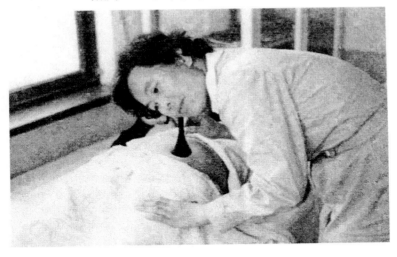

照片 7　慶應式產台

照片 8　外出訪視的助產士彭錫妹

照片 9　新式產台

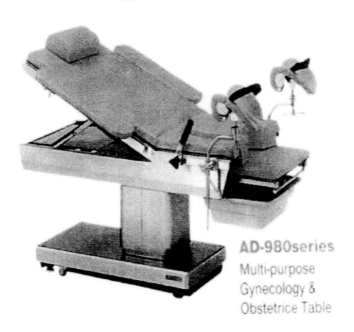

照片 10　真空吸引器

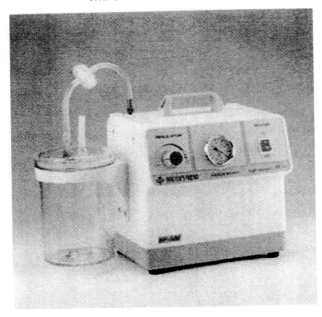

照片 11　新生兒黃膽治療

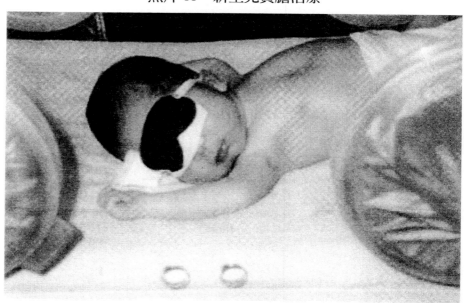

照片 12　在不銹鋼水槽為嬰兒洗澡

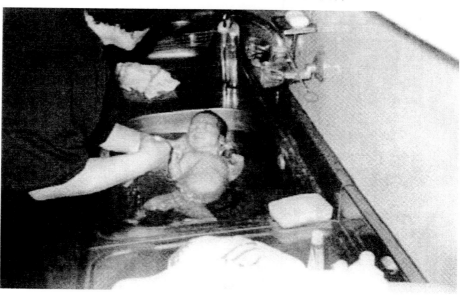

照片 13　　1968 年新竹縣助產士公會合影留念

照片 14～15　　助產士傳承

婆媳檔助產士（筆者的祖母彭錫妹與母親黎
素美）

母女檔助產士（筆者的母親黎素美與妹妹
鍾淑宜）

照片 16　安胎符

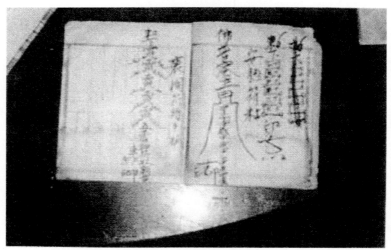

照片 17　催生符